国家出版基金项目
NATIONAL PUBLICATION FOUNDATION

青野村

山东村落田野研究丛书

张士闪 李松 总主编
孔军 著

山东大学出版社

总序

编纂一套山东村落田野调查方面的丛书，立意甚早。20多年来，以山东大学为核心的山东民俗学团队，每年都会安排多次村落田野调查活动，许多博士、硕士学位论文也以村落为田野点，注重对田野材料的挖掘与分析，紧贴乡土作实证研究，迄今竟有百村之数。学术论文的阅读群终归有限，将这些辛苦得来的第一手田野资料，以写实的手法呈现出一个个真实的村落世界，向社会提供一份可信的国情资料，一直是我们共同的心愿。

2016年夏，山东大学民俗学研究所与山东大学出版社共同策划、申报"山东村落田野研究"选题，并于2017年春被列入国家出版基金规划资助项目，夙愿终偿。我们从以山东村落为田野点的博士、硕士学位论文中遴选出20种，邀约作者遵循"深描村落生活，凸显村民主体，梳理乡土文脉，展现国情底色"的原则，进行改写或重写。为使这一原则不致落空，我们课题组密集举办三次小型研讨活动，达成如下共识：

首先，小中见大，述而见议。这套丛书所选村落虽然都在山东，但学术视野并不自我设限，讲究以小见大，寓学理于讲述之中，助推对于中国社会的深入理解。这需要作者秉持综合、开阔的学术眼光，既关注村落的历史脉络，涵括其驳杂的历史动态，又聚焦当今村民主体话语，反映村落的社会现实和未来走向。

其次，关注传承，着眼动态。在乡土社会发生剧变的当下，我们理应重新观察和思考作为人类最基本的生活共同体的村落，关注其自治传统的传承及组织机制，得出符合其自身历史实际和内在逻辑的阐释。村落描述，不应该成为乡村琐事的拼盘，也不是对于一个个村落凝固幻象的编织，甚至也

不应满足于立此存照式的一幅幅风俗画。我们深信，就在众多村落所呈现的异同之间，蕴含着中国基层社会的真正奥秘。

再次，村民本位，日常视角。坚持村落民俗志描述中的村民本位，摆脱那种将文人的文字传统视为“唯一性知识”的旧习，将村民日常使用更广泛的口述、物象、仪式等知识形式，放在至少是与文字同等的位置。我们深知，白纸黑字所代表的文字表达传统，仅仅是占社会总体人数很少的文人阶层所推重的一种特殊知识形式，而远非人类知识之全部。在乡村社会中尤其如此。将村落的历史、当下与未来贯穿起来的村民，在“过日子”中凝结而成的丰富知识形式，理应在村落民俗志中显现光彩。我们期望这套丛书出版后，不仅供学者研究、都市人阅读，还有村民愿看，甚至成为村落典藏。让乡土知识真正实现“从民众中来，到民众中去”，是我们最大的心愿。

新世纪以来，随着以全球化、都市化为特征的现代生活的迅速普及，乡土民俗的连续性、系统性、整体性已严重受损，曾作为中国社会主体的乡土村落正经历巨变。但无论如何，村落依然是中国传统文化的重要承载地，农民是绝不可轻忽的文化传承主体。当代学者的一项重要使命就是关注村落，将村落中的人、事、文化传统与生活现状等视为一个整体，通过深描村落社会运行的逻辑，阐释村民的生活世界及其赋予生活的意义之所在，并在此基础上对其组织形态、机制及变迁予以描述与推导，这对于理解中国乡村文化传承乃至整个中国社会大有裨益。我们深知：梳理中国村落的历史来路，叩问其从何而来；展示由形形色色民俗事象所构成的村落人文世界，理解现状与内在脉络；观察村落在现代化进程中的遭遇与新创，关注其向何处去——这应该成为村落研究介入当代中国社会发展、彰显乡村文化茁壮活力的基本向度。

一、中国村落研究传统

生于乡土，终老乡土，曾在漫长岁月中被绝大多数国民视若天经地义，这一社会事实本身即足以显示村落的意义。我们相信，“在村落中研究”（格尔兹语）的学术实践，在当今“世界史”“全球史”风起云涌之际，不仅没有过时，而且不可或缺。毕竟，无论是重述"亚洲"，还是重述"世界"，我们仍要以乡土中国为立足点。

传统意义上的村落，自有其历史渊源与发育过程。村落社会的组织与运行，离不开稳定的民俗传统的传承。民俗传统既具有群体规约性质，又能为民众提供身份认同与人生意义，因而蕴含生机，常在常新。村落之为"问题"，乃是19世纪末20世纪初，一批知识分子基于晚清社会之变局"眼光向下"的产物：一方面，受西方入侵影响，新的生产方式与经济结构已日益内嵌于中国基层社会，传统时代城乡互动的社会运行模式被打破，作为中国乡土社会基本单元的村落日渐萎缩，成为当时中国社会整体发展失衡状况的表征之一；另一方面，以"西学东渐"为背景而形成的革命性、现代性强势话语，逐渐渗入乡土社会，持续改写着村落发展的内在逻辑，造成了民间自治传统的失衡或断裂。① 以此为背景，乡土社会成为当时知识精英普遍关注与"拯救"的对象，村落则成为中国现代学术研究的重要单元。

诚然，学术活动不能没有研究单元的设计。20世纪上半叶，以费孝通、林耀华等为代表的中国学者，就注意选择村落或村寨为研究单元，并在其学术生涯中长期坚持，认为村落既是便利研究者做全面了解的较小的社会单位，又是反映人们社会生活的比较完整的切片。② 其中奥秘，恰如英国人类学家布朗所强调的，对于一个村庄进行细致入微的研究的意义在于——既要看到村落社区生活的某一个方面在整体的社会生活中的功能，也要看到这个村落本身的组成结构。③ 钟敬文在1983年中国民俗学会成立的讲话中，将"搞民俗学当然着重在广大农村"当作不言而喻的前提④，后又在不同场合多次表述，获得了国内民俗学界的广泛响应，乃至成为经典范式。20世纪90年代初，刘铁梁从民俗传承生活空间的角度，论述了村落作为基本研究

① 参见张士闪：《"顺水推舟"：当代中国新型城镇化建设不应忘却乡土本位》，载《民俗研究》2014年第1期。

② 参见费孝通：《江村经济——中国农民的生活》，商务印书馆2001年版，第24页。

③ 转引自赵旭东：《权力与公正——乡土社会的纠纷解决与权威多元》，天津古籍出版社2003年版，第10页。

④ 参见钟敬文：《民俗学的历史问题和今后的工作》，载《钟敬文自选集》，首都师范大学出版社2008年版，第409页。

单位的意义，明确了村落研究在民俗学学科中的理论地位。[①] 时至今日，以村落为单元进行研究的学者仍为数众多，跨越民俗学、人类学、社会学、历史学、民族学、艺术学等学科。诚然，在国土广袤的中国，无论从事怎样的课题研究，从相对自成体系而又较小的村落生活共同体入手，自有其合理性，而且有望产生深厚的学术理论意义。更何况，村落研究还被赋予认知历史、立足当下、面向未来的重要使命。村落形态尽管一直处于或微或巨的变化之中，但它所塑造的文化模式与传统，在可预见的未来中国仍具重要价值，乃是不争的事实。

但与此同时，对于以村落为研究单元的批评一直不绝于耳。美国学者施坚雅的批评可谓尖锐："研究中国社会的人类学著作，由于几乎把注意力完全集中于村庄，除了很少的例外，都歪曲了农村社会结构的实际。如果可以说农民是生活在一个自给自足的社会中，那么这个社会不是村庄而是基层市场社区。"[②]在施坚雅的"市场圈"理论之后，又陆续出现了祭祀圈、婚姻圈、联村组织等研究范式，对村落研究模式予以拓展，努力将村落单元置于更大范围的区域社会脉络中予以理解。毕竟，村落社会并非村民的简单集合，村民生活也并非只与村落有关。自古及今，村民与村外世界联系的普遍性是无可置疑的。[③]

围绕村落作为研究单元的种种争论，有相当多的误解在内。比如：对于村落生活共同体的基本理解，是被动、静态，还是动态、开放？争论双方其实是基于不同的预设。村落研究，如果将村落理解为动态、开放的社区，就应该成为从村落出发的研究，以小见大地拓展个案研究的价值，而那种从较大区域展开的研究，如果将村落理解为被动、静态的社区，也不见得就一定贴

---

① 参见刘铁梁：《村落——民俗传承的生活空间》，载《北京师范大学学报（社会科学版）》1996年第6期。最近，他对此作了更明确的表述："村落被民俗学者视为田野调查的最佳场域，也是最基本的空间单位……民俗学把村落作为一个整体的小社会进行观察和分析。在村落中观察到的民俗文化事象，具有时空的限制意义。"（刘铁梁：《"深描"中国村落文化变迁》，载2017年7月10日《中国社会科学报》）

② ［美］施坚雅（G. William Skinner）：《中国农村的市场和社会结构》，史建云、徐秀丽译，中国社会科学出版社1998年版，第40页。

③ 即使在前现代化时期，村落本身也不可能像老子所说的"鸡犬之声相闻，民至老死不相往来"，如多村共用一庙、信仰仪式的村落轮值等。当代学界热衷于以"古村落""传统村落"等为研究对象，频繁使用"原生态""原汁原味""本真性"等概念，其实都是以将封闭自足视作村落的"典型"状态为预设的。

近了“农村社会结构的实际”。其中的关键，是对于乡村社区与村民主体之间互动关系的理解，而不在于所选择的研究单元的大与小。即便是规模不大的村落，毕竟也是民众多种力量共存的、活态的生活共同体。其实，在中国乡土社会研究中，真正让人遗憾的是对于村民主体性的轻忽或漠视，这是在上述研究模式中一直未能得到根本改变的死角。

二、村落研究，应聚焦民众主体

绝大多数的村落研究，往往将民众的文化笼统地归于“民俗”，似乎民众的文化生命是以“民俗传承”来丈量或维系的。厘清民众与民俗的关系，将有助于拨开笼罩在村落研究中的多重迷雾。民俗，究竟是民众自发的文化创造，还是基于“一二人倡之，千百人和之”的精英引领，抑或不过是国家大一统进程中“礼化为俗”的结果？细究之，上述三种观点虽都不免以偏概全，却也都道出了民俗的某一要义。若将三者统观，庶有助于对“民俗”乃至村落的理解。

首先，民俗的本质是民众主体的文化创造，自无可置疑。民俗传统，即民众在长期生活实践中，以约定俗成的方式促使某种价值规范发生从世俗到超验的升华过程。值得注意的是，这一升华过程绝不是一朝一夕所能成就，也并非一成不变，而是在民众生活共同体内部始终蕴含着多变的可能，呈现出活态性质。同时，再有力的国家行政运作，也无法随意篡改民俗传统或改变村落社会的民众主体性质。近年来对于当代村落的近距离观察，使我们更加确信：在当下新型城镇化的浪潮中，民俗传统不仅没有遁隐，而且变得更富弹性与多元。时至今日，某些村落的发展轨迹时显诡异，其“突然终结”与“奇迹再生”之现象让人大感迷惑。究其实，民众力量在社会剧变中的屈抑与释放当是理解这一现象的重要维度。

其次，自古以来，民俗的形成与发展均离不开知识精英的引领作用。我们在田野作业中发现，很多民俗传统一开始是作为事件应激之文化反应而出现的，如村落形成之初的生存所需、灾乱年头的秩序维持、太平时期的发展机遇捕捉等。这种因应激而形成的文化反应，不会随着事件的完结而迅即消失，而是沉淀、扩散到地方生活中，形成社会经验，此后又会在后发的事

件应激中被运用，最终磨合成一种社会行为模式。在应激事件、应激性文化反应与社会行为模式的互动过程中，离不开少数文化精英的有意识运作，并最终使之沉淀为乡土民俗。恰如“民俗”之作为现代学术概念，也是伴随着现代城市化的发展进程而为知识精英所发明并设置意义的。正像铃木正崇所说：“直到近代，‘民俗’与‘传统’在消灭和生成的间隙中得以发现。”①不过，少数知识精英的引领作用，从来是与其“适于时而合于势”的行为选择密切相关的。兹以地方志书中的灾荒记录为例予以简单说明。地方志书中总是凸显地方精英的非凡作用，比如为减税急赈而为民请命、订约立碑以控制社会秩序等，而将一方民众作为背景因素，至多以“民不聊生”“饥民四起”等语大略言之。这显然并非社会事实。实际上，精英的行为往往是受地方社会情势所激，其对于当时国家政治态势的估测，与对于地方民众心理的揣度，为其行为选择提供了关键性依据。但作为地方社会情势重要构成因素的民众，却在地方志书中被大大忽视了。

再次，中国很早以来就已形成所谓的“礼俗社会”，传统中国作为一个复杂社会系统，在民间生活与国家政治之间有着复杂而深厚的同生共存关系。纵观一部中华文明传承发展史，国家意识形态经常借助对民俗活动的渗透而在乡村生活中贯彻落实，形成“礼”向“俗”落实、“俗”又涵养“礼”的礼俗互动的政治框架。礼俗互动，既包括民众向国家寻求文化认同并阐释自身生活，也体现为国家向民众提供认同符号与归属路径。换言之，借助民俗文化的生机跃动，民间社会始终发挥着对于主流文化的葆育能力。以此为基础，在中国社会悠久历史进程中的“礼俗互动”，就起到了维系“国家大一统”与地方社会发展之间平衡的作用。② 国家政治与民间自治之间的互动关系，不仅形塑着社会组织的基本形式，也由此产生了社会生活层面的文化交织现象：“国家对村落的政治干预与民间自治之间有长期互动的历史，结果是形成了今天(家族村落)聚落联合体的基本组织形式。”③以此理解中国大地上的众多村落，庶有较通观的眼光。

---

① ［日］铃木正崇：《日本民俗学的现状与课题》，赵晖译，载王晓葵、何彬编：《现代日本民俗学的理论与方法》，学苑出版社2010年版，第3页。

② 参见张士闪：《礼俗互动与中国社会研究》，载《民俗研究》2016年第6期。

③ 刘铁梁：《传统乡村社会中家庭的权益与地位——黄浦江沿岸村落民俗的调查》，载《北京师范大学学报(社会科学版)》2001年第6期。

三、村民口述的意义

走进村落，不仅要关注“民生”，而且要体察“民心”，感受民众生活史与心态史的双重意义。面对民众的生活与文化，传统的学术工具似乎不那么灵光了。

比如，我们在村落调查中，经常有各种各样的困惑。为什么历史上的某一事件，会频繁地被村民表述，还被表述者加上了许多的发明和创造？不仅如此，看起来离“真相”越来越远的表述，反倒经常成为后人的话题中心，并在现世生活的裹挟下发生效用，而事件本身（即所谓“真相”）倒不见得重要了。还有，为什么是历史上的这一事件而不是另一事件，频繁地被这一地方而不是另一地方的人不断关注，并“折腾”出了这样的而不是别样的传统？有果必有因，有事必有人，民间自有其文化选择与传承的机制——没有关注，就不会有表述；没有关注和表述，就不会有传统的发明和创造。

显然，前者关注的是一种文化传承的线性历史，后者则关注其内在结构逻辑，耶鲁大学教授萧凤霞试图以“结构过程”[①]涵括二者。要想真正地解惑答疑，就必须在具体的区域社会空间中将二者结合起来，关注某一传统从过去到现在的建构过程与多元指向，并特别聚焦其主体表述。这一研究模式的策略是，一种传统在不同时代留下的表述有或微或巨之别，而就在种种表述的同异之中，蕴含着区域社会发展的历史脉络与内在逻辑。因此，我们的工作首先是挖掘各种表述，然后在各种表述之间寻找关联，总结民间叙事的特征，并在此基础上还原“社会事实”，建构逻辑关系。鉴于历史上官方、知识精英与民众的互动情形驳杂不一，我们今天所见的“传统”基本上都已经历过无数次改写，只是我们难以知情罢了，因此必须保持足够的警觉。这也意味着，我们在关注传统的线性历史脉络的同时，要特别关注地方社会中人的创造能力及创造逻辑。

用这样的眼光看，民间口述材料中所谓的“随意性”，不但不应是拒绝采信的理由，反倒要视为民间叙事乃至地方生活的应有特征，为我们解读历史

① 萧凤霞：《廿载华南研究之旅》，载《清华社会学评论》2001 年第 1 期。

提供了一种相对稳实可靠的地方逻辑。一个人(当然也包括多人)对于同一事件的不同表述,既可以是基于生活状态与交流情境不同而形成的差异,也可能是他对事件表述的不同侧面的选择,还可能是他自身"觉昨非而今是"而有所改变的结果。叙事者,既是能动的个体,又会受到国家历史进程与地方社会发展格局的影响。更重要的是,国家历史进程与地方社会发展并不是作为人类个体活动的静态背景而存在的,而是通过无数个体的能动性活动才得以实现的。个体与群体的叙事及其他行为,对于地方社会发展与国家历史进程的推动作用,至今尚难以准确估测,但在它们之间存在着至为复杂的关联与互动关系,则毫无疑问。因此,民间叙事基于村落生活而呈现出的所谓"随意性",不但不是田野研究的绊脚石,反倒蕴含着学术进步的契机,因为这是理解村民的历史观、价值观的必由之径。

村落中的民间叙事,还会努力保持与地方志、族谱、文人著述等文字传统的一致性。比如,它们都倾向于将本地区的历史与文明传统演绎得悠久古老,竭力与上古圣贤、神灵怪异建立关联,以贴近"人杰地灵"的叙事逻辑。显然,地方社会一直在不断地重新定义和建构自身传统的神圣与伟大,只不过官方和文人的叙事多以县境为单元,村民则多以村境为指向,官民之间经常发生的"文化合谋"即在此背景下展开。这与现代婚礼上对于恋人"缘分"的演绎,电视选秀者对其生平际遇的"赋值"等现象,如出一辙。其中的关键是如何建构叙事的合理性,以感染受众,并挟以自重。由此可知,执着于对民间叙事证实或辨伪的学者,既难以理解历史,也不能洞悉民众智慧。

村落研究,是不能不将历史学与民俗学、人类学的研究方法加以综合运用的。就村落史研究的学科传统而言,历史学追求历史真相,其研究注重证实或辨伪,而民俗学、人类学则关注民众如何记忆历史,以及为什么这样记忆历史。村民的历史记忆可以是虚构的、附会的、可改变的,因为它指向的是意义。比如,在山东各地的移民传说中,潍水以西大都说是来自山西洪洞大槐树(有的强调是由河北枣强中转而来),潍水以东的胶东半岛则普遍流传着"小云南移民"的说法。虽然众口一词言之凿凿,但在历史上不可能村村如此。然而,人们还是将传说演绎为一种显赫话语,争相讲述、争论与传播。在争来说去之间,这一传说就被广阔地域的人们演绎为一种有意义的历史记忆,衍生出文化认同、精神安顿等现实意义。克拉克认为:"人类学者

一向比社会学者和历史学者对于历史意义的重要性更为敏感。和'什么事实际上发生过'同样重要的,是'人们以为发生过什么样的事',以及他们视它有多么重要的。"①真正的村落研究,不仅是在为包括历史学在内的多种学科提供民众口述资料,其实还有更为重大的使命,就是挖掘和呈现民众生活实践中的文化创造及其价值建构。遗憾的是,后者至今仍为包括民俗学者在内的众多学人所轻忽。

四、以学者与村民合作的民俗志书写方式,推进当代村落研究

近年来学界劲吹"田野风",进入村落成为时尚。特别是有老建筑遗存的古村,学人更是纷至沓来。热衷于进村者,并非都出于对村落价值的珍视与对村落发展的关怀,但对村落的影响却是强大而持续的。在这一切的背后,是国家战略聚焦乡村,社会资本涌入乡村,乡村成为当代社会的"宝地"。

历史告诉我们,乡村社会的良好发展是国家长治久安的基础。不过,在此时此刻,如下追问也许并非多余:我们真正了解我们匆遽进入的乡村吗?我们所理解的、要保护的乡村文化生态是自然真实且可持续的吗?我们的意愿也是生于斯长于斯的众多父老乡亲的愿望吗?这方水土会因我们的进入而更加美好吗?须知,在"现代化发展"这一庞然大物面前,乡村自然与人文生态系统是何等脆弱,而乡村所积淀的传统智慧对于人类未来发展则弥足珍贵,任何人、任何力量都无权损之毁之。广阔的农村天地首先需要被准确认知,然后才有可能"大有作为"。面对村落,如何才能更好地认知、更深入地理解与更准确地描述呢?

就本套丛书的众多作者而论,虽然早先在博士、硕士学位论文的写作过程中,已对村落有相当了解,但受到学位论文写作时间的限制与研究能力的制约,其村落民俗志描述少有村民的内部视角。我们期望在这套丛书的写作中,通过学者与村民的深度合作,尽量多地呈现二者的不同视角,尽

① [美]克拉克(Samuel Clark):《历史人类学、历史社会学与近代欧洲的形成》,贾士蘅译,载[加]玛丽莲·西佛曼、P. H. 格里福编:《走进历史田野——历史人类学的爱尔兰史个案研究》,(台北)麦田出版股份有限公司1999年版,第386页。

量多地留存鲜活的乡土气息。

1. 对于村民的内部知识，不妄加评论，而采用现象描述的方式，呈现真实的民众心态。

初入田野者，最常见的毛病便是盲从自己的知识“先见”，乍见村落种种现象，就匆匆忙忙做类型区分和价值判断。比如，对于村民信仰活动，或要评判是否迷信，或要区分是道教还是佛教。这样的知识“先见”，其实是基于对中国社会的肤浅理解。看似荒诞不经的言行，往往背后蕴含着民众的真实心态，是解读村落心史的难得资料。本套丛书中《胡集村》一书的作者王加华，曾携初稿进村交流。村民以当地说书前惯用的几段开场白①为证据，坚持认为本村起源于春秋时期，已有2000多年历史。这一说法无疑是非历史的，却正反映了村民希望将本村历史拉长与神圣化的真实心态。作者最终定稿时，对此就没有予以简单地抹杀或揶揄，而是在列举地方志书中的“明初立村说”之后，呈现村民的“春秋立村说”及其依据，同时保留村民的其他说法，这无疑是确当的。

当然，在学者与村民的交流中，也会有村民揣摩学者意图而对村落内部知识加以改装，往学者这边贴靠。这既与现实生活中学者话语的强势地位有关，也表现出村民对外来话语（包括学者）的利用心态，后者尤其值得注意。一些有见识的村民，一旦察觉到学者话语有助于所在村落的“增值”，往往就会抛弃己见，欣然赞同学者的说法，甚至热心地帮助寻找证据。虽然这也是村落知识增长的一种方式，但目前却还处于不稳定状态，需要将之与村落中比较稳定的知识范畴相比照，否则，我们对村落的理解就不免浮光掠影。

2. 丛书最后特设专章“村里的人　村里的事”，附录“重要民俗资料提供者简介”与村民所用文献，以凸显村民的主体叙事视角。

“村里的人　村里的事”专章的设计，意在以词条单列的方式，突破传统村落民俗志书写的静态幻象，在以事带人的生动描述中展现村落中的特

① 胡集书会汇聚南北说书人，常用的开场白有：“道德三皇五帝，功名夏后商周，五霸七雄闹春秋，顷刻兴亡过手。”“孔夫子周游列国，子路沿门教化。柳敬亭舌战群贼，苏季子说合天下。周姬佗传流后世，古今学演教化。”“扇子一把抡枪刺棒，周庄王指点于侠。三臣五亮共一家，万朵桃花一树生下。何必左携右搭。”

色文化。要想做到这一点并不容易。如张士闪和张帅在完成《洼子村》一书初稿后，曾专门回村细读给7位老人听，在热烈的讨论交流中，重新审视或矫正书中的原有观点。有村民尖锐地提出，原书稿过于突出巫婆神汉、善人及其信仰活动①，应该为本村烈士、支前英雄“树碑立传”，突出“教师村”的形象，并提供了相关资料。我们据此进行调整，新增“教师村”“红色记忆”两个词条，与原有的“公事总理”“礼仪人家”“善人”等并置相映，就明显合理多了。这一修改书稿的过程，其实是学者与村民的两种叙事风格的并置与互动的过程，由此形成的村落民俗志自然会较前丰厚许多。

重要的民俗资料提供者，通常属于村民心目中“会看事”“会办事”“会说话”的人，经常代表村民向外人表述“村落文化”，其话语当然也会经过其自身的选择、加工而具有个人色彩。我们需要进一步观察，大多数村民会认同他作为村落文化代言人的角色吗？不善于对外人表述的大多数村民，如何评价他的话语？学者的到访，是促成了村民对其话语的接受还是相反？这些都需要格外留心。书后所附“重要民俗资料提供者简介”，意在呈现其个人基本信息，供读者进一步了解与思考。

书后所附的村民文献，与学者所撰写的正文文本形成有趣对比。学者与村民之间，注意点不同，知识储备、思想局限有别，而对村民村事的价值预设也差异明显。比如，围绕同一个村落的民俗志表达，学者所感兴趣的是如何呈现其所理解的“村落”，往往是看了地方志、地图、家谱、碑记等以后，再去跟村民交流，有时候还会事先阅读相关论著。当今学者还会特别看重祠堂、庙宇、信仰仪式、巫婆神汉等，认为这代表了地方文化生态的完整性。对于村民而言，村落则是他们身在其中、终身归属的“家园”。曾记得在2002年，洼子村的几位村落精英接受村委会布置的一项任务，要向外来民俗专家介绍村落文化，他们将之分解成“村志”“民俗概况”“文化教育概览”三部分，分别撰文描述。显然，他们将“村落文化”理解为历史、民俗与“高层”文化（并视为本村的特色文化）等三大层面，这一分类颇有见地，对于我们今天理解村落及民众心态仍具启发性。

长久以来，中国乡村社会经过反复的礼俗教化，形成了基于农耕经济

① 张笃杰：“看了这书，外人还以为洼子村就知道整天烧香拜佛呢！”张笃杰，山东省淄博市淄川区罗村镇洼子村人，长期担任中小学教师、校长，现退休在家。

的社区共享传统，它以乡村公共利益的高度共享来实现乡土社会秩序的长期稳定，以社区节庆、生活礼仪、生产互助、乡规民约、信仰仪式等民俗传统为传承载体，构建起中华文明绵延不断的社会基础，也是支撑当代中国乡村可持续发展的重要文化资源。当代学者应服务当下中国社会发展的现实需求，扎根村落，深入传统，以此为基础提炼研究方法与理论，建构田野研究的中国话语。我们这套丛书愿意在这一学术方向上进行尝试，抛砖引玉。

最后还要说明的是，这套丛书写作时间正值暑期，尽管各位作者都有博士、硕士学位论文的研究基础，但因丛书定位所强调的视角转换，需要大量的补充调查，有的干脆是返工重做。今夏大热，感谢各位作者不避酷暑，按时完成撰写任务。因时间匆遽，本套丛书不尽如人意之处，敬请读者诸君批评指正。

张士闪

2017 年 8 月 31 日

前言

每个村子都有它的个性，于是成就了它独特的文化气质：有的村子被一到两个姓氏占据，我们称其为“主姓村”；有的村子人口由十几个姓氏组成，我们叫“它杂姓村”；有的村子有着悠久的民间艺术传统，我们管它叫“艺术村”；还有的村子是宗教信仰活动的集聚地，我们定其为“宗教村”……由此，我们可以将村落划分为主姓村、杂姓村、艺术村、宗教村等。青野村是一个具有悠久历史文艺传统的村落，发源于该村的五音戏享誉齐鲁大地。五音戏是一种载歌载舞的民间艺术，它生长在黄土地，流行于鲁中广大山地和平原地区，也扎根在万千农民的心里。

本书的写作基于对青野村五音戏的多次田野调查，多数资料来自于青野村村民和青野村五音戏剧团成员的口述以及笔者对五音戏表演活动的观察和体验。2012 年 1 月，笔者随山东省地方戏研究课题组在淄博市开展五音戏调研，对五音戏有了初步的认识。随后又前往济南市章丘区文祖镇青野村进行调研，通过对老乡的采访了解五音戏这一民间小戏以及其传承者和享用者的日常生活。之后的数年间，笔者多次来到青野村走访五音戏老艺人，对青野村地理概况、岁时节日、人生礼仪、家族生活等村落知识进行村落民俗志式调查；跟踪调查青野村五音戏剧团在周边村落拜年演出情况，对五音戏的历史源流做专题性补充调查；在青野村五音剧团受邀在济南千佛山庙会演出期间，笔者通过观察、访谈，记录五音戏剧团的庙会演出实况。在上述实地调研活动过程中，笔者体味到五音戏对于青野村村民生活所具有的深远意味。回顾和重新审视，笔者发现五音戏是青野村村落文化的典型代表，由此决定采用标志性文化统领式民俗志写作方式。

标志性文化统领式民俗志写作方式适用于具有标志性民俗文化事项

的村落，它以标志性民俗事项为核心，以点带面，辐射描述整个村落。“所谓标志性文化，是对于一个地方或群体文化的具象概括，一般是从民众生活层面筛选出一个实际存在的体现这个地方文化特征或者反映文化中诸多关系的事项。标志性文化的提出是为了书写出揭示地方文化特征的民俗志。”[①]刘铁梁教授指出，标志性文化应具有能反映这一地方的特殊历史进程和贡献；体现地方民众的集体性格和气质，具有薪尽火传的生命力；深刻地联系着地方民众的生活方式和诸多文化现象等三个主要特征。五音戏是青野村的标志性民俗事项，这一民间艺术形式与青野村的岁时节日、人生仪礼、家族宗族以及村落周边社会组织有着千丝万缕的勾连，这为我们通过一项核心民俗事项来了解一个村落提供了可能。

本书以济南市非物质文化遗产五音戏的发源地章丘区青野村为具体描述对象，经由对五音戏的深描勾连整个村落的家族宗族、宗教信仰、经济政治、岁时节日、艺术传统、婚丧嫁娶礼仪等村落文化脉络，尝试新式民俗志的书写。思路有二：

第一，在大量搜集相关文献资料的基础上，重视对调研区域内民众的口述史、访谈资料的采访和使用，综合采写村民的集体叙事和个体叙事，因为鲜活的口述史最能反映老百姓的现实生活，老百姓从民俗中就能感受生活，靠民俗赋予生活意义，靠民俗感受生活意义。

第二，拟采用比较写作的方法，将青野村与其他依旧传承五音戏的村落（社区）进行对比，突出不同时空、社会变迁中青野村的独有特征，最终呈现在对比视野中基于个体叙事与集体叙事的村落民俗志样式，并就当下村民对艺术化生活的理解和追求予以阐释。

今天，青野村还流传着诸如“进了青野庄，家家周姑子腔”“婆家是青野人，娘家也是青野人”“四十亩地一宅子，不如靳银子、靳辣子扭扭腚锤子”等饶有趣味的顺口溜，道出了民众对五音戏的喜爱之情。青野村犹如一位乡土艺人，气质淳朴，着装打扮一番，举手投足间尽显出浓郁的美丽乡村味道。

孔　军

2017 年 8 月

---

① 刘铁梁：《“标志性文化统领式”民俗志的理论与实践》，载《北京师范大学学报》（社会科学版）2005 年第 6 期。

山东省地图
德州市
滨州市
东营市
烟台市
威海市
济南市
淄博市
潍坊市
聊城市
莱芜市
秦安市
青岛市
济宁市
菏泽市
日照市
临沂市
枣庄市
渤
海
海
图 例
省行政中心
设区市行政中心
省 界
未定省界
设区市界
比例尺 1:4 000 000
审图号：鲁SG(2017)098号
山东省国土资源厅 山东省测绘地理信息局监制 山东省地图院编制

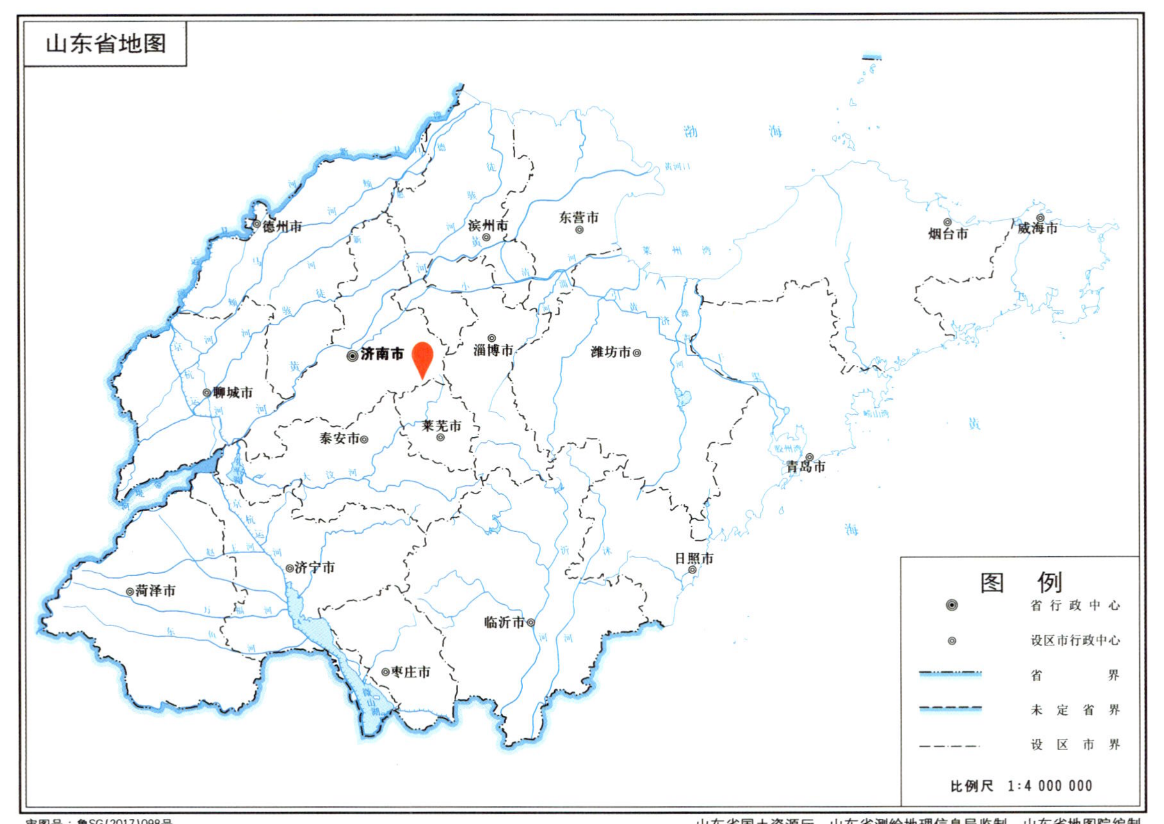

青野村地理位置示意图

目录

第一章 地理文化空间

一、村落地理、人口状况

(一)地理位置

青野村(36.544°N,117.532°E),地处山东省济南市章丘区南部,在文祖镇驻地南8公里处,东邻水龙洞村,西毗黑峪村,南连大寨村、西田广村,北靠三德范村。青野村村境广阔,东至东山顶,西至干河东岸,南至南坡顶,北至两郎山,东西直线距离为7000余米,南北直线距离为7600余米,总面积约2.66平方千米。

青野村交通便利,东依242省道,西傍济莱高速,两路形同轿杆,紧贴村边,南北贯通,区位优势明显。交通的便捷不仅为村子经济快速发展提供了条件,也让村落具有很大的开放性,加深了村落与外部世界的物资和信息交流。

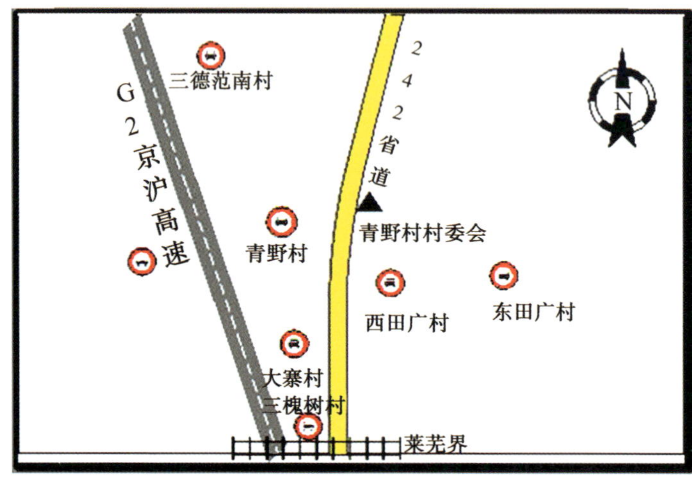

济南市章丘区文祖镇青野村周边村落概况图(张兴宇绘)

青野村老村的区域范围约为现今青野村面积的1/3,位于现在村子的南部。旧时,青野村村民家庭较为富裕,人们的生活比较殷实,又因西邻南北要道—古章莱路,村民的自我保护意识强烈,为防御外贼流寇入侵,他们在村子周围建起了围子墙。围子墙共有四个石拱门,分别是东门、西门、北门和西北门。其中,北门叫作“拱辰门”,因为村中要道呈南北方向,故北门是围子墙主门。

青野村平面图(靳先亮绘)

据村民回忆,围子墙以石头垒砌而成,高达3米多,不仅坚固异常,能起到极好的防卫作用,而且石拱门做工非常精致,均有精美的镂刻。随着社会经济的发展及国家政策的变化，村里开始划地基，房屋统一规划建设，村落住房区的范围向东、西、北三个方向逐步扩展，因此，老村周围的围子墙逐步受到破坏。特别是房基在围墙周边的人家，他们为取石料或方便通行而将围子墙拆除殆尽，在“大炼钢铁”时期，原本厚重坚固的大铁门也未能幸免。

保留在村民家中的拱门残部

青野村有几处重要的公共空间，分别是新村区域内幼儿园、老村区域内的村卫生所以及紧邻242省道的青野村村委会，此外还有位于建设路上的青野集。这些公共空间具有一定的文化属性，因此成为村民生产生活中的公共文化空间。

青野村幼儿园

青野村卫生室

村里动植物资源丰富。鸟类有麻雀[1]、喜鹊[2]、燕子、尖尖子[3]、野鸡[4]等，常见树种有杨树、槐树、榆树、柏树、杏树等。村民家里豢养的动物有猪、鸡、羊等禽畜以及猫、狗等宠物。为防止家畜破坏庄稼、啃食树木，村里对家畜严格管理，禁止放养，散养家畜的规模在几只到五六十只之间。

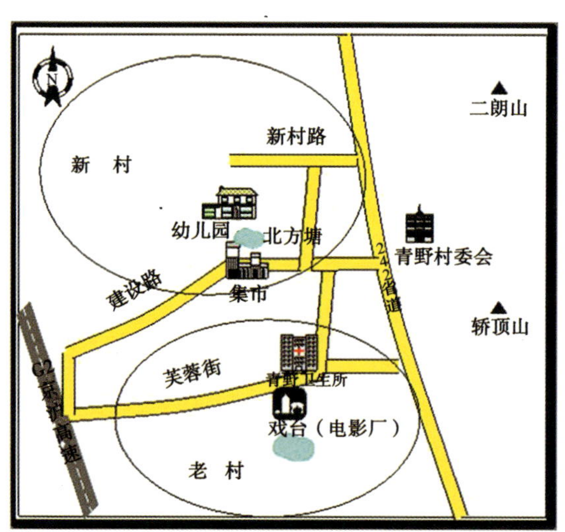

济南市章丘区文祖镇青野村村落概况图(张兴宇绘)

---

① 麻雀，当地俗称“家雀(音 qiǎo)子”。

② 喜鹊，当地俗称“老鸹”。

③ 尖尖子，一种灰白相间的鸟，走起来尾巴会一翘一翘的。

④ 野鸡，当地俗称“噶鸡子”，因为会出“噶啦噶啦噶啦”的叫唤声。

青野村东有一山，名曰“东山圩子石人山”，海拔560米，山顶开阔平坦，四周有石墙，设有石垛口，是古人为防御外侵藏身避难之处，可容纳上千人。站在山顶俯视四周：村子南、北各有一条通道；东、西两面则是悬崖峭壁，地势险要。青野村自古就是兵家战略要地，驻守在此可谓“一夫当关，万夫莫开”。紧贴圩北的陡崖之巅有石人三尊，均高丈余，但中间者高，两边者略低，似一家三口相互依偎，行至数十里外，其轮廓仍然清晰可见，可谓鬼斧神工，令人叹为观止。石人远近闻名，是青野村的一张名片。①

东山左侧还有一山，海拔500米，因形似轿顶故名“轿顶山”。

（二）村名、姓氏与人口

青野村村名的来历与人们熟悉的一个传说相关。据传明朝万历年间，有韩姓人氏从直隶（今河北省）枣强县逃荒流落至此，观此地虽处山丘地带，但地势平坦开阔，背阴朝阳，肥田沃土，草木葱郁，实为宜居之地，遂举家落户于此，盖房垦田，辛苦劳作。后又有人陆续聚集于此，聚少成多，渐成村落。此地视野开阔，树木青草繁盛，随意远眺，青草野坡，尽收眼底。人们便将此村命名为“青野”，沿用至今。

老　街

青野村是一个杂姓村，全村有30多个姓氏，其中以马、杨两姓居多，被人们戏称为“一群马，一群羊（杨）”。现任会计靳先亮将30多个姓氏连起来，编

① 参见《守望文祖·青野村简介》（尚未出版），书中此部分资料由靳先亮写作整理。

成了一段顺口溜儿：

张赵周高杨，白马明于王。冯丁苗李靳，曹解郭穆匡。辛韩田孙孟，景朱耿谭黄。

将村落姓氏编成易于记诵的顺口溜儿，这一趣味性、细节性的生活场景，既体现出村民对艺术化生活的追求，也展现了村落的艺术气息和传统。

《马氏族谱》

家谱在马氏、杨氏、靳氏等家族普遍存在。据《马氏族谱》记载，马氏家族于明永乐年间(1403～1424 年)由直隶(今河北省)枣强县迁居崔马庄和马安村两地，历时近 700 年。青野村马氏从章丘县马安村迁来，现在亦有 23 代。靳氏于明朝末年迁来，与其他两姓相差一二十年，现在也有 23 代。村内其他姓氏随后陆续迁来，其中孟氏来得最晚，只有一代人，从章丘文祖镇东庄村迁来 20 多年。

青野村全村划分为五个片区，每片区设片长一名，负责组织生产、宣传服务、丧葬等事务。根据 2013 青野村人口普查统计，全村共有 868 户，2600 口人。青野村是有名的长寿村，90 岁以上老人将近 10 人。人口各年龄段分布情况具体见下表：

青野村各年龄阶段人数统计(2013 年)

年龄范围(周岁)	人数(人)
0～16	800
17～40	730
41～60	524
61～70	340
70 岁以上	206
合计	2600

二、村落生活场景

(一)村落经济

1.农　业

青野村的耕地面积为 1836 亩,人均耕地 0.7 亩。村里的耕地主要分布在山下较为平坦的地带。章丘素有“小济南”之称,正和章丘地势平坦、土壤肥沃有关。青野村会计靳先亮介绍说,土地所有权归村集体,耕地的范围基本没变。自实行家庭联产承包责任制以来,除自留地外,土地按照农业常住人口分配到户,一般签订有效期为 30 年的土地使用合同。个人没有转让或买卖土地的权利,但在土地使用过程中允许小调[①]。现今,青野村的主要经济来源虽不再依靠农业,但“民以食为天”这亘古不变的道理让农业从来不曾远离人们的生活,农耕传统得以传承赓续。村民种植的粮食作物主要有小麦、玉米、谷子等,此外还有大豆、花生等油料作物,另外也种植地瓜等小杂粮。

① “所谓小调,就是随着土地、人口的增减,减掉的人口的土地就给那些增加的人口,属于内部调整,是小动。”比如,女儿出嫁后,将原属于她的土地收归村集体,以便分给村中新生或新迁入的人口,这便属于内部小调整。讲述人:靳先亮;访问人:孔军、刘若轩;访谈时间:2013 年 1 月 8 日下午;访谈地点:青野村村委会计办公室。

村南广袤的麦田

村里的经济作物主要是花椒。20 多年前，为响应国家“多养殖，多种植，多种经营”的政策，青野村从莱芜地区引进花椒在村中大规模推广。[①] 花椒树生长周期长，需 5 年才能结果。村里 70% 的人家都有种植。成熟后的花椒由外来行商收购，一般每公斤二三十元。经济果木有桃树、杏树、核桃树等。2012 年，村里种植 1000 亩核桃树，直到 2015 年才开始结果。在生产劳动中，当地村民结合自身经验和农事规律总结出很多谚语，比如“六月六，看谷秀；七月七，掐谷吃”“清明前后，种瓜点豆”“三年不选种，增产要落空”等。谚语朗朗上口，简单易记，又契合农事生产中庄稼生长的规律，经由历代从事农业生产的村民口耳相传，指导着村民的生产生活。

当地农业灌溉以打井取水为主。青野村南有一条河，名为“干河”，是一条东西走向的季节性河流。村里有一个石领子水库，由于没有活水，只能存留一些雨水，仅起到雨季时拦河坝的作用。1972 年，村中修建了灌溉田地的

① 讲述人：靳先亮；访问人：孔军、刘若轩；访谈时间：2013 年 1 月 8 日下午；访谈地点：青野村村委会计办公室。

水渠，自左庄水库引水。但从 1987 年以后，水渠因年久失修而被废弃。

村子里还留存一些诸如碌碡、碾子、石磨等老旧器物。在脱粒机等现代化农业机械出现之前，打场[①]是村子里麦收和秋收时期的标志性活动，碌碡曾是粮食收获季节必不可少的工具。而今，碌碡、碾子、石磨等“老把式”并未完全被闲置，它们仍旧被村民沿袭使用，用来磨粮食、磨面子、摊煎饼等。诸多民俗器物的保留不仅表明村民生产生活的载体得以沿用，也在一定程度上说明村落生产生活传统处于相对稳定的状态。

20 世纪 60 年代之前，青野村经济还主要依靠农业支撑，但因农业耕作很少使用化肥，村民缺乏科学的农业种植和管理知识[②]，生产工具相对落后等，农业生产力水平较低，粮食产量低下[③]，村民生活一直比较贫穷。直到 1965 年，青野村的支撑产业逐渐由农业转变为建筑行业，开始走向了发展村落工业经济之路。

2.工　业

1965 年，原村支书赵明山就提出了“以副养农，全盘皆活”的发展目标，他认为单纯依靠农业发展经济是行不通的。依靠村里木匠、瓦匠、石匠三种传统工匠的手艺，青野村组成了青野大队建筑队。借助国家在广饶（今东营胜利油田）开发建设油田基地的机遇，建筑队努力培养自己的技术力量，经历了“从无到有，从小到大，由弱到强”的艰难的发展历程：“（建筑队）在 1965 年到广饶县，那会儿胜利油田刚刚起步建设，主要是在盐碱地上搞基础设施。油田想留下他们当工人，但是章丘县革命委员会坚决不同意，就是不放人。”[④]建筑队从广饶县回来后，就在明水镇建立了章丘市青野建筑安装公

① “打场时碌碡是用牲口拉着，主要用驴拉。用人力拉的时候，若一个人拉太吃力，就两三个人一块儿拉。”讲述人：靳先亮；访问人：孔军、刘若轩；访谈时间：2013 年 1 月 8 日下午；访谈地点：青野村村委会计办公室。

② “1960 年之前就没有化肥，整个镇上都没有。化肥叫‘洋肥’，就像火柴叫‘洋火’。那时候没有科学种植，不讲究科学，今年种了玉米，明年还种玉米。”讲述人：靳先亮；访问人：孔军、刘若轩；访谈时间：2013 年 1 月 8 日下午；访谈地点：青野村村委会计办公室。

③ “那时候一亩地也就产 300 斤，现在能达到 1000 斤，差距太大了。那时候就用小推车和驴驮。”讲述人：靳先亮；访问人：孔军、刘若轩；访谈时间：2013 年 1 月 8 日下午；访谈地点：青野村村委会计办公室。

④ 讲述人：靳先亮；访问人：孔军、刘若轩；访谈时间：2013 年 1 月 8 日下午；访谈地点：青野村村委会计办公室。

司，随着社会发展，公司从小到大，逐步升级，发展成现在拥有固定资产3000多万、流动资金2000万、从业人员千人以上的三级企业——章丘市青野建筑安装公司。建筑业成为青野村的支柱产业，青野村也因此获得了“建筑之乡”的美誉。

现今，外出打工的村民，年龄在30～70岁不等，其中妇女占总人数的1/3左右。外出务工人员主要从事建筑行业，以男性劳动力为主。由于建筑行业主要是体力活，较为艰苦，所以妇女多承担小工的角色，每天能赚80元左右，男性每天的工资要相对高得多。除去麦收、秋收和年节假日，亲戚朋友间的相互帮工以及雨雪等恶劣天气，一个人一年外出打工的时间可达230天左右。总体算来，外出打工的人家人均年收入可在8000～10000元。

建筑业是青野村的支柱产业，建筑公司每年向村里缴纳的土地承包费①是村集体主要的经济来源。建筑业的发展带动了第三产业的发展，批发零售业、运输业、餐饮服务业、加工业、养殖业的发展均得益于此，可谓“一业兴，百业兴”。它们成为村经济的重要组成部分。以养殖业为例，村里现有养鸡大户30多家，养猪大户40多家，养殖区需要向村委缴纳土地使用费，养殖收入就能占全村经济收入的15%～20%。②

青野村还大力发展集市贸易。为方便村民购买各种生活用品，青野村有十几个商店和小卖部，这些商铺属于个人经营，分布在村中五个片区，每隔不远便有一家。为了活跃市场、方便群众，2001年青野村党支部办起了青野集。起集之初，村委向周围几村发送请柬，并从济南请来歌舞团举办了盛大的歌舞演出，周边几个村的村委都来祝贺。青野集每月逢四、九起集，辐射范围包括大寨村、黑峪村等邻近村落，集市货源充足，货品齐全③，有如露天超市一般。青野村民也赶大寨集，大寨集逢一、六起

---

① “最初建筑公司是村集体的，随着时代的发展，建筑公司就承包给个人了，它就是一个法人单位。每年公司经理向村里交7万元土地承包费。”讲述人：靳先亮；访问人：孔军、刘若轩；访谈时间：2013年1月8日下午；访谈地点：青野村村委会计办公室。

② 讲述人：靳先亮；访问人：孔军、刘若轩；访谈时间：2013年1月8日下午；访谈地点：青野村村委会计办公室。

③ “（集市上）啥都有，五花八门，市场上有的集上基本都有啊。农产品、服装鞋帽、小百货都有。”讲述人：靳先亮；访问人：孔军、刘若轩；访谈时间：2013年1月8日下午；访谈地点：青野村村委会计办公室。

集。此外，当地乡间行商活跃，很多人做些诸如青菜、水果、副食品等推销和收购的买卖。

青野村的商店

青野村集市上的商品

(二)村落生活

1. 衣

在交通不发达的年代,人们出行主要靠步行,穿的鞋子主要靠自家制作。现今那些早已废弃的纺车等“老把式”,在 20 世纪 70～80 年代可是农民生活离不开的好帮手,用来纺线、织布,做衣裤、鞋、帽、袜。据村里老人回忆,20 世纪 80 年代以前,村民穿的是老粗布袄裤,连衣服的两个大口袋和纽扣都是用粗布做成的。制作衣服的粗布有购买的,也有自家种棉花纺织的。当时除了普通衣裤,村里还流行过诸如国防服、中山装等服装样式。

现在人们穿衣服讲究时髦,特别是村里的年轻人追求时尚,老人们对很多衣服都已经叫不上名字。在时下服装复古潮流中,呢子大衣再度卷土而来,而且价格不菲。呢子大衣曾风靡于 20 世纪 80 年代末90 年代初,现今村里许多人家仍旧保存着,但是已经不再穿它们。这些凝结了一代人记忆的呢子大衣令很多村民难以忘怀!

村里人冬日衣着

皮鞋在20世纪80年代初期传入村子。在此之前，人们平日大都穿自家做的布鞋，冬天才穿靴子。村里刚有人穿皮鞋时，往往会遭受旁人的白眼儿，被讥讽为“狗食”[①]，从中可以窥探人们对新生事物的心态。鞋帽衣服的变化不仅是一种服饰潮流的更替，对村民而言，衣物由生活必需品变成可以讲究和选择的东西，它们对村民生活的意义和功能也在不断转变和丰富。老人对新式衣物的排斥和对老旧物什的喜爱，与年轻人追求新潮和时尚形成鲜明对比。

2.食

章丘地界频繁的自然灾害严重影响了农业生产，特别是旱灾、蝗灾、黄河泛滥和山洪水患往往导致大片土地颗粒无收，外加地方政府救灾不力，更加剧了民众生活的困难。三年困难时期(1959～1961年)，四处流浪和乞讨的人比比皆是，饿死的也不在少数。[②]

在以窝窝头为主食的贫困年代，青野村民连一日三餐都无法保证。人们将做好的面食放入面缸中，便于贮藏。在衣食无忧的今天，人们的主食为馒头，而在1978年以前连煎饼也是不可多得的稀罕物。忍饥挨饿的历史深深烙印在村民的记忆中，叙述起来便充满生动清晰的细节。例如，村民李玉范回忆她在1978年念高中的时候，讲到她那会儿连地瓜面子煎饼都吃不上，更不用说馒头了。[③] 透过村民对饥饿记忆的不同表述，我们可以从中还原出一幅村落饮食文化

面　缸

① “狗食”，是村民对那些装模作样的人的蔑称，暗含不屑一顾之意。

② “那时候饿死过很多人啊，都要饭，也就喝点盐水，防止水肿。”讲述人：靳先亮；访问人：孔军、刘若轩；访谈时间：2013年1月8日下午；访谈地点：青野村村委会计办公室。

③ 讲述人：李玉范；访问人：孔军；访谈时间：2013年1月8日上午；访谈地点：青野村村委会计办公室。

网络图景。

对青野村民来说，石磨和石碾曾是他们当年生产生活必不可少的工具，人们用它们磨制粮食、烙煎饼等。可以说，石磨、石碾承载着一代人对苦难岁月的回忆，它们模糊的纹理记录着人们的辛劳与喜悦。如今，在青野村的村头巷尾仍可发现一些被闲置的石磨、石碾，它们大多肮脏而破旧。这是因为村民的生活水平提高了，豆腐机等家用电器开始普及，使用更加方便省力。但有些人依旧习惯推磨或拉碾，仿佛这是他们生命律动的延续。

石　磨

石　碾

时至今日，随着村落经济的发展，村民的生活水平逐步提高，日常饮食的种类愈发丰富，鸡、鸭、鱼、肉成为村民餐桌上的常见食物。每逢佳节，亲朋好友间相互款待的饭菜质量和档次不断提升。

村民的饮用水主要是地下水。村子有一口400多米深的机井，并配有一座高大的水塔，用以满足村民的日常用水。在建水塔、安装自来水之前，村中没有水井，村里人主要从水塘中取水。所谓的“水塘”就是一处储存雨水和雪水的洼地，也就是说村民要靠天喝水。据村民马汝梦回忆：

> 当时青野村啊出洼水，现在叫“方塘”。方塘里的水是死水，就是下雨下雪积的水，存了以后吃。现在方塘还有呢，但是已经很多年都没有人吃那里的水了，现在人都吃自来水。①

① 讲述人：马汝梦；访问人：刘若轩；时间：2013年1月8日；地点：青野村村委会办公室。

村中废弃的方塘

3. 住

1977 年，青野村开始实行住房建设规划，按照公平、公正的原则，要求所有房屋建筑必须有统一的规划方案，按照统一的规划进行建设。因为村里南边儿有个断崖，所以村落无法往南延伸，只能从老村向西、向东、向北扩展。而且当时青野村村落形态的发展属于自然形塑，很多考虑过多的人工干预："那时候的经济思路没有现在这么开阔，就是过一年是一年啊，都是临时观念。"①

青野村民的住房主要是砖房及部分楼房，还有少量几乎无人居住的土坯房。在 1984 年之前，村里全部都是土坯房。据靳先亮忆述，村里最早盖砖房的是杨国志家，此后他家才盖的。到了 20 世纪 90 年代，砖房的修盖变得较为普遍。② 盖房需要的建筑材料多从市场上购买，石材则是自家到山上开采。由于青野村是建筑之乡，素来不缺少搞建筑的能手，村中邻里对盖房子

① 讲述人：靳先亮；访问人：孔军、刘若轩；访谈时间：2013 年 1 月 8 日下午；访谈地点：青野村村委会计办公室。

② "到了 20 世纪 90 年代，很多是砖房了。"讲述人：靳先亮；访问人：孔军、刘若轩；访谈时间：2013 年 1 月 8 日下午；访谈地点：青野村村委会计办公室。

的事都不陌生，各工种齐全，盖房之事也比较容易。盖房时要找人帮忙①，一般是请邻居和亲戚朋友，也不用给工钱，只要每天管顿饭就可以。

住户门楼

坍塌的土坯房

① “街里街坊的都互相帮忙，你盖的时候我帮你，他盖的时候我帮他，就是互相帮忙。”口述人：靳先亮；访问人：孔军，刘若轩；访谈时间：2013 年 1 月 8 日下午；访谈地点：青野村村委会计办公室。

盖房子的流程大致如下：选好房址后，先用石头奠基，然后用自制的土坯垒墙，镶上门窗，再安上“薄薄岩”[①]用以防水。最为关键的一环是上梁，上梁时要祈祷，祈求上梁大吉大利，把房屋平平安安地盖起来。一般村民会书写对联贴于门上，如“上梁大吉，吉星高照”等吉语，在旁边设擎天白玉柱，门框上贴些吉祥的小装饰图案。上梁时，一般要在梁上挂一双红色的筷子或者系一个用纸包裹住的小木头勺子，勺子里面装有麦子、芝麻等几样粮食，寓意“风调雨顺，五谷丰登”。此外，上梁时还要放鞭炮，烧元宝和纸，祭祀姜太公[②]，祈求安全平安。上梁之后，屋顶要先铺上“箔”(一种用芦苇秆或高粱秆扎制的束条)，然后铺上 20 多厘米厚的麦秸。从 1984 年左右开始，盖砖房用的瓦主要是耐火瓦(又叫“红瓦”)，后来使用水泥瓦。现在这两种瓦基本都已不再使用，一方面是因为很多人都到城里买楼房，另一方面则是村里盖楼“打青顶子”(用细水泥掺和细沙制作房顶)，瓦就派不上用场了。

路边闲置的房梁

① 青野当地产的一种岩石，因呈薄片状而得到。

② “姜太公他封神，不是就管着这些神呀？经过姜太公一说，他们谁也不敢再吱声了。”口述人：靳先亮；访问人：孔军、刘若轩；访谈时间：2013 年 1 月 8 日下午；访谈地点：青野村村委会计办公室。

盖房有诸多讲究和禁忌。选址是件大事，有些人家专门请风水先生给"上眼"，希望能选到一块风水宝地，给家里带来好运气。其实，村民对基本的盖房禁忌都有所了解。例如，青野村南有一处断崖和大沟，在附近选址建造的住房最好不要让大门朝向南方，因为人们认为大沟属于不吉祥的事物，若家门朝向它，噩运就会凭门而入。于是，村民们就建影壁墙，在门头挂镜子，用以阻挡奸佞邪恶之物的入侵。再如，最近五六年在村中兴起了立"泰山石敢当"的新习俗，人们将其嵌在墙壁中，期望借助神灵的神力破坏掉不吉利的风水，镇妖辟邪。在信与不信的较量权衡中，人们找到解决非常之事的方法，并暗合村民最为朴素的趋吉心理，这就是俗信的力量。

现今，随着人们经济观念和价值观念的转变，对盖房帮工的方式也发生了变化。人们不再召集亲友，而是将盖房的工程包给建筑队，只要双方觉得价钱合适，包工的人和盖房的人家都会感到舒心省事。由此可见，在市场经济大潮面前，村里人的经济观念和村民邻里间的处事方式都有所转变，人们都希望尽量少欠些人情债，开始追求交互往来的双赢局面。①

青野村家庭院落一般包括北屋、南屋、西屋和东屋，庭院是一种被四周房屋围绕而成的闭合式天庭，大门的朝向不一，根据住户临近的街道走向而定。

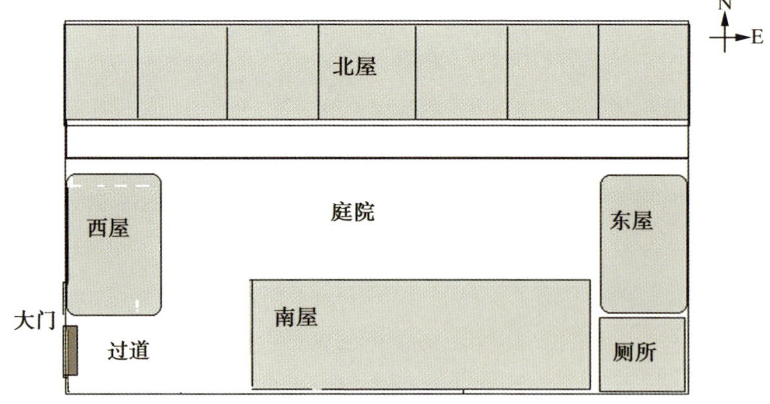

家庭房屋建筑格局分布图

---

① "(把盖房工程)包出去吧，干活的人挺舒心，咱们也挺舒心。(自己)不欠人情，人家干了也觉得不吃亏。"口述人：靳先亮；访问人：孔军，刘若轩；访谈时间：2013 年 1 月 8 日下午；访谈地点：青野村村委会计办公室。

青野村中已有80多户人家在城里(指明水镇)买了房,他们在村里的老房子依然保留着,家里的耕地也依然耕种。[①] 在城里买楼房的原因是多种多样的,比如为了给孩子提供更好的学习条件。由于青野村整体都比较富裕,所以没有到城里买房的人并不为此感到自卑或特别羡慕那些买房的人。[②] 村民普遍进城买房表明了青野村村民的富裕程度,但我们也注意到青野村存在"民富村不富"的状况,即村民各家各户的经济实力较强,而村集体经济实力较弱。同时,村民外出打工和进城导致村落出现"空巢化"。村落"空巢化"带来文化载体的迁移和缺失,致使文化氛围淡薄,村落文化传统的脆弱性在时下进一步凸显出来。

(三)村落礼俗传统

乡村自来闲人少。在以农业生产为主的时期,村民在春节前后才得闲暇,此时的活动主题是玩乐,做小游戏、唱戏、打牌等都是村民喜爱的娱乐方式。这样的生活习惯一直延续到20世纪80年代中期。此后,随着电视机的普及,人们的娱乐方式发生改变,公众性的群体集会日益减少,村民的生活越来越私密化和个人化。同时,由于城市化进程的加快,村里外出务工人员的增多,村民能自由支配的闲暇时间愈来愈少,村里人基本上就没有农闲了。[③] 所以,村落家族内部亲朋好友之间的走动就愈发稀少,在节假日期间走亲访友及参加寿诞庆典等活动成为熟人间维系交往的重要方式。

村民走亲访友集中于春节期间。随着时代的变迁,走动时所带礼品不论样式种类,还是价值都在不断变化。在经济落后的时期,亲戚间走动往往是带几个馍馍和几斤挂面,那在农村也算是非常好的物品了。现今,探访亲友则是带烟酒、桃酥、饼干、牛奶等比较高档的东西,而且数量增多,一般是

① "地也还是回来种着,分季节,播种、除草、施肥、收割的时候,都要回来。"口述人:靳先亮;访问人:孔军、刘若轩;访谈时间:2013年1月8日下午;访谈地点:青野村村委会计办公室。

② "他们回来和平常一样,也没有什么优越感。现在在城里买房子并不是说自己就多么了不起,在家里的人同样也很好。"口述人:靳先亮;访问人:孔军、刘若轩;访谈时间:2013年1月8日下午;访谈地点:青野村村委会计办公室。

③ "现在是不管啥时都没有闲人了,没有农闲,人们都在外边打工,除非天气不好,都舍不得把工夫浪费了,都是出去挣钱啊。"讲述人:靳先亮;访问人:孔军、刘若轩;访谈时间:2013年1月8日下午;访谈地点:青野村村委会计办公室。

"成箱地带"[①]。同样,礼物的价值也有所提升,"习俗基本还是一样的,不过带的东西价值不同了,过去就带几个馍馍,现在带的东西多了,动不动就得二三百的"[②]。随着人们生活水平的提高,走亲访友时相互馈赠礼物的价值不断增长也是必然。此外,人们的出行方式也由原来的步行、骑驴,到20世纪80年代的骑自行车,直至现今骑摩托车、开轿车或面包车、打出租车,可谓发生了翻天覆地的变化。

走亲访友所带礼物

青野村一带有着热情待客的传统,亲朋好友来到家里,主人要热情款待。"家里来客人,凡是自家的好东西都摆上"[③],置办好酒好菜,把客人请到席桌的上首位,陪坐叙谈。当地陪客礼仪颇为讲究,"按照长幼资格,论资排辈,尊老爱幼,长辈坐上首,再长辈坐下首和两边,最小的坐席口。依次排下来"[④]。坐席口的晚辈负责倒茶、倒酒,当地叫作"摸酒壶""摸茶壶",他们依照席桌上的长幼顺序,分别为其斟酒、倒茶。可见,村民把宴请来客当作一

① 讲述人:靳先亮;访问人:孔军、刘若轩;访谈时间:2013年1月8日下午;访谈地点:青野村村委会计办公室。

② 讲述人:靳先亮;访问人:孔军、刘若轩;访谈时间:2013年1月8日下午;访谈地点:青野村村委会计办公室。

③ 讲述人:靳先亮;访问人:孔军、刘若轩;访谈时间:2013年1月8日下午;访谈地点:青野村村委会计办公室。

④ 讲述人:靳先亮;访问人:孔军、刘若轩;访谈时间:2013年1月8日下午;访谈地点:青野村村委会计办公室。

件大事，重视亲情礼道的往来。在节日期间的紧密社会互动中，人们借此获得情感上的慰藉。

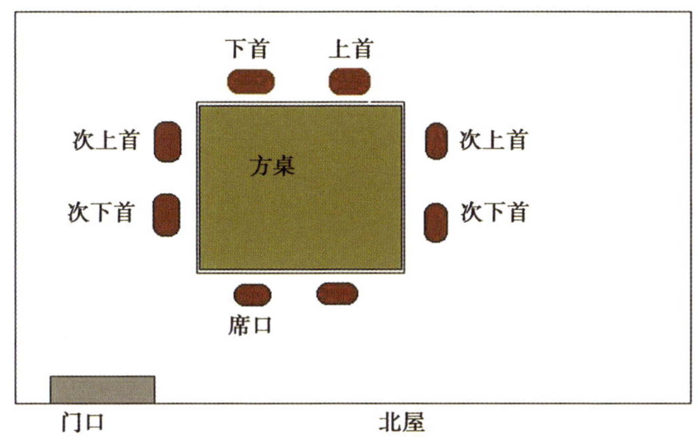

酒席座次安排图

走亲访友时留宿主家的现象较少。现在交通便利，人们的出行多以车代步，基本上当天去当天回。即使在过去交通不发达时，也少有留宿习惯。送客时要真诚地回礼，以示答谢。作为回礼的物品没有硬性的要求，人们往往将心比心，会让来客带回一些更好的东西。当然也有例外，毕竟亲戚之间也有生疏远近之分。[①] 走亲访友给人们提供了一个相互交流知识和情感的平台。走亲戚，是村民于年节时分相互交流信息和感情的绝佳途径，这既是礼物的流动，更是亲情的传递。

缘于与岁时节日、乡规民约等的密切关联，村落艺术传统得以不断延续和更新。传统节日具有调适民众生产生活的功能，表现之一便是为村民的走亲访友、人情往来和礼俗互动提供良好契机。社区仪式并非只在春节才有，但春节是社区仪式集中和强化的阶段，统领和支撑着村落艺术、村落信仰等民俗活动。五音戏也是如此，它不仅在春节期间集中展演，而且在以年为周期的村落生活中有所延伸，在不同时段、不同场域中都有所表现。民间

① “你拿来点心来了，我给你回点牛肉，给你回点更好的，这是一心换一心。你给我了 5 块钱的东西，我就给你回上 10 块钱的。也有人不回，这也不是一成不变的。这与人的素质有关系，有些人家还嫌给带得少来。”讲述人：靳先亮；访问人：孔军、刘若轩；访谈时间：2013 年 1 月 8 日下午；访谈地点：青野村村委会计办公室。

艺人借助众多平台进行演出，以多重角色体验着艺术生活的滋味。

三、区域性灾害

（一）自然灾害

自古以来，黄河就有“三年两决口，百年一改道”之说，而“华夏水患，黄河为大”则是对它破坏力的准确概括。济南靠近黄河，每当黄河决口，济南的灾民不计其数，到处是颠沛流离、背井离乡的乞讨者。历史上，章丘县的受灾情况极为严重，县志等文史资料对此多有记载，根据民国《续修历城县志》及《章丘县志》（济南出版社1992年版）统计，自道光二十年（1840年）至今的百余年间，黄河就有几十次决口，造成严重的水患灾害。其主要灾害情况如下表所示：

章丘区百余年间主要黄河灾情表

年　份	灾　情
道光二十一年（1841年）	历城、章丘等地发生水灾，秋粮减产五成以上
咸丰五年（1855年）秋	巨野河、绣江河暴涨。自六月大清河河道被黄河所夺后，河身淤垫，两岸悉被水淹
咸丰六年（1856年）夏	章丘县小麦歉收。咸丰七年（1857）夏，历城、章丘、长清等县小麦歉收
光绪九年（1883年）二月	沿河十数县因凌汛大涨，漫口林立，历城之滏沟，章丘之龙口镇……口门大者数百丈，小者亦数十丈
光绪十二年（1886年）	黄河于河王庄漫溢
光绪十五年（1889年）三月	黄河水猛涨，于吴家寨漫溢
光绪十八年（1892年）	黄河于胡家岸漫溢。是年，山东巡抚福润以“夹河（黄河）以内村庄，终年浸于黄流，民情困难”，令设迁民局3处，给资迁徙。历城、章丘等临黄8州县共迁出350个村庄，3.33万户，新建村庄39处
光绪二十三年（1897年）	正月，凌汛。黄河于胡家岸漫溢，决堤。二月堵合

续表

年　份	灾　情
1935 年	黄河于临濮决口,山东省受灾 20 余县。章丘县接收安置灾民 5152 人,在全省安置灾民的 78 个县(市)中居第二位
1957 年 6 月 26 日	黄河暴涨,超警戒水位 0.26 米,章丘县境内 23 个自然村被水包围
1975 年	秋汛,黄河堤内 28 个自然村被水包围。淹没土地 3 万亩,倒房 2090 间,冲走农具 280 件、家具 318 件、梁檩 1800 根,损失粮食约 50 万公斤,翻船淹死 7 人
1976 年 9 月 6 日	黄河水位暴涨。刘家园水位 27.73 米,为境内河段有水文记载以来的最高纪录。27.5 公里黄河大堤偎水深 2 米以上,胡家岸、土城闸、陈家窑 3 处险工堤坝裂缝,坝根冲失。损失秋粮 300 万公斤,塌房 6893 间
1986 年 1 月 9～24 日	黄河出现特大凌汛。刘家园险工以下 4 号滩地生产堤溃决。滩区 27 个自然村遭水围,其中 8 个自然村进水。受灾面积 3.5 万亩,受灾 1.26 万人

从以上史料记载可以看出,章丘地域内黄河水患灾害频发,尤其是咸丰五年六月十九日(1855 年 8 月 1 日),黄河在河南兰阳北岸铜瓦厢决口,黄河水先流向西北,后折转东北,夺山东大清河入渤海。这是黄河距今最近的一次大改道。黄河决口之后,清政府却采取“暂行缓堵”的政策,这无疑加剧了此次水患的危害程度。

关于这次黄河改道的受灾情况,据山东巡抚崇恩统计:灾情达十分(即颗粒无收)的有 1821 个村庄,灾情九分者有 1388 个村庄,灾情八分者有 2177 个村庄,灾情七分者有 1001 个村庄,灾情六分者有 774 个村庄,六分以下者不计。如此算来,山东省受灾六分以上的重灾区的难民就有700 万人。①

除了黄河水患灾害,章丘其他类型的区域性自然灾害对乡民生活的影响同样不可忽视。尤其是近代以来,章丘旱灾、雹灾、山洪、瘟疫等灾害频发,使人民本就苦不堪言的生活更是雪上加霜。严重的灾害已让人民难以

① 参见李文海等:《中国近代十大灾荒》,上海人民出版社 1994 年版,第 44 页。

承受，而天灾人祸又是相互关联，政府腐败、官吏昏贪，致使民不聊生，人们流离失所。到了清代后期，章丘不断有农民（非贱民）破产，他们不得不像乞丐一样游走四方，靠乞讨度日。章丘区历朝历代所发生的黄河水患、旱灾、虫灾、雹灾、山洪等自然灾害不仅制约着当地经济的发展，也给地域文化留下了深刻烙印。

（二）贼寇匪患

除以上提及的自然灾害以外，贼寇、军匪等社会力量也是威胁章丘地域民众生活的重大不安因素，特别是近代的猖獗匪患。

> 20世纪20年代中叶至30年代抗战前夕，这十年来，章丘的社会治安情况一直不好，匪祸迭起，拦路抢劫，明火执仗，绑架人质，诈骗钱财，屡屡发生。①

其中比较有名的有马棚架票案、回村架票案、刘黑七进章丘行劫案等。对青野村影响最大的是刘黑七（刘桂堂）进章丘行劫案。1927年2月，土匪刘黑七部窜扰文祖、朱公泉两地，饱掠而去。刘黑七进章丘行劫案的发生地恰在章丘与莱芜交界处，正是邻近青野村的地域，土匪凶悍恶劣的残暴行径，导致社会动荡、人心惶惶。

“1925年奉军进关，鲁南山区黄河以北，土匪四起，官府虽然多次派兵剿匪，但由于兵匪勾结，出现了兵来匪退，兵去匪来的局面。”②1927年农历七月十六，张鸣九率匪徒30余人，趁旧章丘城东关集日混入城内，在县衙前仅鸣数枪，县长黄恪济即弃城而逃，僚属四散。张鸣九匪众在县城横行半年之久。此类兵匪勾结之事不一而足，给整个区域社会造成巨大危害，不仅破坏村落生产生活，而且危及人民的生命安全，因此各村普遍在村子周围修筑围墙，以避战乱和保护财产安全。

在村民的口述中，青野村原来也叫“难过关”，村落名称的由来与饱受匪患之苦的村落历史相联系，也不难揣测“难过关”所反映的天灾人祸下的青野村

---

① 胡子厚口述，翟兆义整理：《二三十年代章丘的治安状况》，载政协章丘市文史资料研究委员会编：《章丘文史资料选辑》，山东省华泰教科文发展中心2001年印刷，第372页。

② 胡子厚口述，翟兆义整理：《二三十年代章丘的治安状况》，第372页。

民的动荡生活。

换言之，村民凭借对村落历史的记忆，认为村落名称是象征和体现重要村落历史事件的标志。由此可知，村民关于村落历史的口述内容，是以个体记忆的方式反映村落的集体记忆，即某些村民已达成共识或集体共享的地方性知识。当村民关于自身遭受过自然灾害和匪患的记忆被激活时，就会重温曾经体验过的经历和情感，这种记忆被传递和保持的机制，使得某些记忆映像往往特别持久难忘，而关于苦难历史的记忆尤其如此。虽然村民不可能通过口述完全再现苦难的历史，但村民往往有选择性地抽绎出苦难经历的片段，借助恰当的口述方式完成对记忆中苦难历史的表达，这是我们理解村民生活的关键，它为我们把握乡民艺术传统与村落生活的关系提供了更大的可能。

李万鹏教授访问青野村文化人杨孔志

第二章 岁时节日

一、春　节

在我国大多数地区和民族中，广大民众都把阴历正月初一当作新年之始，春节的庆祝活动也在发展过程中形成了连续性，被誉为中华民族的“百节之首”。从腊月一直延续到整个正月，时间跨度如此巨大、庆祝规模如此繁盛的春节在全世界可谓独一无二。学者乌丙安指出：

> 过年的节日性质是由喜庆一年丰收，祭礼神佛，祭奠祖先，除旧迎新，迎喜接福，合家团聚，文化娱乐等多样式、多层次的活动所定，集喜庆礼仪、祭礼习俗、节日服饰、饮食习俗、游艺竞技习俗、乡里社交习俗等之大成，丰富多彩，成为展示民间百俗的综合性大节。[①]

青野村人文历史悠久，民风淳朴，独特的地理环境和生产传统影响着区域的岁时节令习俗，春节就是当地最具区域性特点的标志性民俗文化事象。

① 乌丙安：《中国民俗学》，辽宁大学出版社 1999 年版，第 329 页。

(一)腊八节

从狭义的春节概念来看，一般认为农历正月初一才是中国传统的春节。但是，在我国民间，广义上的春节从腊八节就开始了，我国北方民间流传着这样一首童谣："小孩小孩你别馋，过了腊八就是年。"人们认为腊八节就已经拉开了春节的序幕。

农历十二月初八是我国传统的腊八节，在古代又称为"腊日"。在这天，我国人民有吃腊八粥和腌腊八蒜的习俗。

除此之外，在腊八这天，青野村民要蒸"糕点"，也就是带枣的窝窝头。除了窝窝头外，村民还蒸馒头等面食。蒸好之后，村民会把这些面食放到家中的陶缸里存贮，这样不易坏。这些腊八做的面食将一直吃到正月初七。村民平日里会摊煎饼吃，在腊月尤其会准备很多。

盛放腊八糕点的陶缸

腊八粥含有喜庆丰收和预祝来年五谷丰登之意，具有特定的制作食材和烹制方法，民众借此表达对美好生活的向往。腊八蒜则是用醋浸泡大蒜，腌至春节再食用。

时至今日，随着这一节日氛围的淡化，腊八粥和腊八蒜也逐渐淡出青野村民的餐桌和视野，依旧流传的仅仅是吃顿美味的包子等简单的习俗。

(二)扫尘与赶年集

“吃了腊八饭,就把年来办。”过完腊八节,人们就开始“忙年”,家家户户扫尘、置办年货,热情饱满地喜迎新春的到来。

扫尘,当地俗称“扫屋”,就是对屋里屋外进行卫生大扫除,使整个家变得干净亮洁、清爽宜人。扫尘的日子一般选在腊月十六或十八,人们先把屋里的家具等搬到天井里,再找一根粗长的竹竿,在较细的一头儿用绳子绑牢一只扫帚,然后自制一盆浓稠的白灰水作为涂浆,在自己头上围上个头巾便可开工。由于当地的房屋大多数是老旧的石条土坯墙,外边包一层凹凸不平的土坯,容易沾染灰尘,所以需要用石灰水刷一下,以求洗掉或遮住一年里墙上的积尘,寓意除旧迎新,去除一切不洁之陈物。

在人们的传统观念里,“尘”和“陈”谐音,故而扫尘习俗具有除陈迎新的涵义,其用意是要把一切“霉运”“晦气”等统统扫出门庭,从而把福气和财气迎进门,扫尘习俗表达着人们企盼去贫迎富、禳灾祈福的愿望。

热闹的青野集

“过个大年，忙乱半年”，描述的正是人们忙年的盛况。年货的置办包括赶年集购买年货和各家自制食品。年货主要分为三大类：一是过年的食品，主要有鸡鸭鱼肉、水果蔬菜、糖果点心等。鸡象征着新年里大吉大利，鱼意味着年年有余，糖果则代表着生活甜美如蜜。二是过年的用品，包括年画、对联、烟花、鞭炮以及锅碗瓢盆等生活用品。三是春节祭祀用的祭品，例如佛香、纸钱等，人们在为家人购置新物的时候，也没忘记为已故的亲人们“送年礼”。再就是购买新衣。年集时节，男女老少都会给自己添置新衣物，在大年初一时里外都换上一套新衣服。从某种意义上讲，赶年既是为了置办年货，也是为了感受和沾染一点年味儿，以及表达对祖先的怀念和祈福的愿望。

为图得年前年后几日的清闲，青野村村民往往会提前置办下足够的食品，主要有馍馍等。馍馍，制作工艺简单，用自家磨的面做成，看起来白嫩光亮，吃起来香甜、松软而又劲道。农家妇女若能做出色香味俱全的馍馍，就会受到邻里的夸赞，成为她心灵手巧的一种象征。可见，人们对于身边的民间工艺非常喜爱和重视。春节饮食习俗自然受到传统农业的深刻影响，人们渴望风调雨顺，盼望来年五谷丰登，所以才做馍馍这样甜美的食品，以表达对祖先保佑和诸神垂爱的酬谢，知恩图报的美好传统在此得到完美的体现。

制作馍馍的张其英

青野村具有地方特色的春节食品还有很多，例如豆腐、灌肠等。这些特

产不只是为了满足个人需求，也是祭祀用品备办以及馈赠亲友的不错选择，更是一种精神愿望的寄托和抒发。由此，春节习俗中的饮食礼俗自然成为一种重要的民俗文化载体。节日仪礼需要的习俗惯制主要不是从生理需要出发，而是从春节及仪礼的社会需要出发。[①] 可见，年货的置办既满足了人们的生理需求，也适应了人们更多的心理需求和社会需求。

（三）贴春联、挂门笺和贴年画

贴春联又叫“贴对子”，是春节来临的重要标志，也是象征吉祥、表达人们对美好生活向往的民族风俗。王安石的诗中就有“千门万户曈曈日，总把新桃换旧符”之句，说的就是春节贴对子的习俗。家家户户喜贴春联，新年的气氛变得更加热闹吉祥。

农家大门上张贴的春联

青野村的春联内容五花八门，形式各异，大都是歌颂太平盛世和国泰民安。贴对联是一种求得全家人吉利的习俗。贴春联用的糨糊都是各家自己制作的：取面粉少许，加少量水，然后放在炉子上慢慢加热，待到大约半熟的时候取下。这样制作的糨糊黏性十足，使用起来十分方便。

春联的书写也有讲究。一般而言，春联必须用红纸书写，红纸黑字是最常见的形式。昔日，大多数人家都是请人用毛笔书写春联，现在的春联更多的是印刷品，非常漂亮，村民购买春联也更加方便。此外，有一点需要注意：如果家中有亲人故去，则三年之内不可贴春联；若是双亲去世的时间相隔在

---

① 参见乌丙安：《中国民俗学》，第 126 页。

三年之内，则五年之内不可贴春联。这种习俗是对死去亲人的哀悼和尊重，也是表达在世之人对已故亲人的深深怀念。正如《中华年节》一书中所说：

> 一副对联，凝聚了人们的心声与愿望，抒发了心头的犹豫和愤懑。陶冶情操，激励奋进，喜闻乐见，雅俗共赏。两千年盛传不衰，已成为我们民族传统文化艺术中的一朵奇葩。①

另外，青野村还有倒贴“福”字的习俗，寓意福气已到、幸福已到。“福”字是会意字，古代的意思就是一人有其田，不愁吃与穿。人们贴“福”字以求福神保佑全家老少平平安安，寄托了人们对幸福生活的向往和对美好未来的憧憬。贴“福”字也有其禁忌，即“福”不可以倒贴在门户的大门之上，因为正门是家庭出入口，端庄大方，迎福而不是倒福的，如果倒贴则显得不恭不敬。一般而言，“福”字只倒贴在水缸、垃圾箱等物品上，由于水缸和垃圾箱里的东西要从里面倒出来，为了避讳把家里的福气倒掉，便倒贴福字，用“倒”字的谐音，以“福至”来消除“福去”，而倒的时候，“福”字止好是朝上的。同时，在各种劳动生产工具比如拖拉机、缝纫机、石磨等上面会贴一草书的“酉”字。这些民俗活动体现出广大民众追求“天人合一”的和谐自然观。

“福”字门笺

直到今天，作为年节喜庆表达和渲染的文字符号，春联仍以雅致的韵味、喜庆的情趣和富有文字智慧的特色，集视觉、听觉、感觉和回味于一体，成为年节节俗中不可或缺的一项内容。

在门楣挂门钱是另一项充满喜庆气氛的春节民俗活动。门笺，又叫作“过门钱子”或“门钱”，一般用红纸或彩纸剪成，其形状四四方方，由膛子、边

① 崔明霞、杜全忠编著：《中华年节》，中国社会出版社2004年版，第13页。

框和穗子构成，多是五张一排，色彩鲜艳，上面书写“福”“寿”“禄”“新年好”“大发财”“好运来”“福满堂”“全家福”等吉祥祝词，与对联相呼应，加上印有“蝶戏牡丹”“鸳鸯戏水”“红梅闹春”“鲤跃莲花”等精美的图案，给春节农家村舍平添了浓浓的节日气氛。这一习俗由来已久，早在南宋吴自牧所著《梦粱录》中即有记载：

> 岁旦在迩……街市扑买锡打春幡胜……以备元旦悬于门首，为新岁吉兆。[①]

时至今日，挂门笺的习俗演变出一种新的时尚，即挂“中国结”。红红的“中国结”挂在家里或者送给亲朋好友，表达在新的一年里事事顺心、吉祥如意、平安幸福的愿望，深得广大民众的喜爱。

门笺与春联

年画，是我国特有的一种民间绘画，它伴随着春节期间趋吉避凶和庆春祈年的活动而产生，是与年俗活动有着密切关联的民间艺术。民间年画内容丰富多彩，基本以当地人民的生活和风俗为主要表现内容，譬如“年年有余”“猛虎下山”“龙凤呈祥”“胖娃娃”等，这些年画线条优美，画面喜庆，色彩艳丽，不仅给人以美的视觉享受，更以独特的方式极力诠释着春节所独具的魅力。冯骥才表示，中国年画的重要意义就在于把过年的种种心理、愿望和种种追求外化出来。[②]的确，年画已经成为中国某些地区特有的文化符号。

---

① (宋)吴自牧等撰，刘坤、赵宗乙主编：《梦粱录(外四种)》，黑龙江人民出版社2003年版，第58页。

② 参见冯骥才：《年画的意义是要把过年的愿望和追求外化出来》，2007年1月5日，http://www.cnci.gov.cn/news/crafts/200715/news_3516.htm.

不管是贴春联、年画，还是挂门笺，都围绕着喜庆欢乐、吉祥幸福的主题展开。“吉祥主题的装饰在传统观念中既有神性的一面，又具有其现实意义，那火红的对联门笺、桃符艾人、五彩丝缕，其深层的装饰目的在于创造一个吉祥化的世界，表达老百姓对安静、和谐、康富生活的企盼。”[1]年画、春联以及门笺等是春节期间最常见的门庭装饰形式，广大民众通过它们来表达和抒发对年节的庆祝和祈愿。

村民家中张贴的年画《年年有余》

(四)小年辞灶

腊月二十三是中国传统节日小年儿。这一天，青野村的家家户户会举行辞灶仪式。

天近黄昏之时，人们便要辞灶——辞别灶君神。辞灶时所祭拜的灶神画像，村民称其为“灶门头儿”，一般是从村里的小商店或者集市上购买的。灶神像主要包括两大部分内容：上部是月历头，标明二十四节气的准确时间，方便民众查看以指导农业生产；下部为由一群童年童女相围绕的灶神爷和灶神奶奶，神态慈祥。传统的灶神像形制古朴，多为木版印刷品，所用纸张粗劣，线条简单，色彩艳丽却易掉色、变色。现在村里人们张贴的灶神像多是油印品，每年邮局、各大银行等都会印刷和免费赠送，虽然纸张优良、印刷细腻，但相比于传统木版印刷品少却了些许乡土味道。

灶神画像的张贴颇为讲究。在青野村，张贴新灶神画像时要将旧神画像烧掉。这一习俗依据家庭成员的团聚情况而略有不同。如果在腊月二十三这天全家团圆，那么这家会在当天下午或晚上把旧画像烧掉，并张贴新的

① 段建坤：《CIS 理论在中国春节中的应用研究》，河北科技大学硕士学位论文，2010 年。

灶神画像;如果这天家里有人没有归来,那么家里的灶神画像要留到正月十五下午烧掉,并且正月初一要为其供香。青野村杨孔志老人家的厨房内灶炉上方贴有两幅并排的灶王爷画像。杨孔志的老伴解释说:

> 一张是去年贴的,一张是前年贴的,这两年孩子们都没全回来,所以灶王爷画就一直没揭。若今年孩子们再不全回来,还会再贴一张,共三张。①

由此可见,在青野村,全家团圆是小年的主题之一,人们期待阖家团聚,共享亲情之乐。灶神作为人类的一种文化设置和创造,他不仅掌管和监督百姓家的厨房事务,而且也是沟通和联系家庭成员的重要媒介。

在青野村,人们进行辞灶时还有烧"年号小纸"的习俗。"年号小纸"的使用方法有两种:如果腊月二十三全家团聚,就在上面写上类似"×人,全了"的字样,并于当天下午或者晚上烧掉。若家庭成员未团聚,则不用在"年号小纸"上注明任何字样,只将其在下午或晚上烧掉即可。"年号小纸"之所以出现,有村民说这是因为人们的"自夸心理":若是家庭人丁兴旺,团圆幸福,这是多么值得宣扬和夸赞的事!②

灶王爷像

① 讲述人:杨孔志;访问人:扈妙章;访谈时间:2013年1月8日;访谈地点:青野村杨孔志家中。

② 讲述人:马印祥;访问人:扈妙章;访谈时间:2013年1月8日;访谈地点:青野村村委会办公室。

与辞灶习俗相对应的便是接灶王的习俗。接灶王活动在正月初六这天举行，人们会准备好水饺、果脯等供品，在灶台前进行祭奠接灶王仪式，意为把敬畏的灶王爷接回家，让他重新做“一家之主”。

(五)除夕守岁

当门庭的春联、年画和门笺、窗花等已经将年味儿酝酿得浓烈似醇酒时，人们便开始欢欣地迎接春节的高潮——除夕。团年守岁、爆竹迎年，除夕夜是春节习俗活动最为密集的一夜。除夕是中国人一年之中最重要的团聚日子，在这天，青野村村民团聚在一起，看春节晚会，吃水饺，尽享家庭的温馨。常年在外打工的青壮年一年几乎要在外奔波操劳 200 多天，但在除夕等节日也要回到青野村，就为了与家人一起吃年夜饭。①

年夜饭，是一年里最具特殊意义的家庭宴会，其食品不仅品种多样，而且很有讲究，具有丰富的文化寓意。饺子是年夜饭必不可少的食品。除夕夜吃饺子有着丰富的内涵：其一，“交子”是我国最早的纸币，为图吉利，人们每到春节便包饺子，赠送亲友，以求发财富贵。其二，为了迎接祖先回到家里过年，“起脚扁食落脚面”——上年坟时要带上饺子，寓意祖先“出门”交好运，由此把好运带回家；及至家中，则供奉一碗宽心面，寓意让祖先安心在家过年，以示尊敬。其三，饺子形似元宝，因此，吃饺子有“招财进宝”的寓意；其四，人们在包饺子时，常常将糖、花生、栗子、硬币包进馅里，吃到的人则预示着来年会有好运——吃到糖的人可以甜美如意，吃到花生的人将会长寿，吃到栗子的人可以早生贵子，吃到硬币的人可以财源滚滚、发财致富……饺子有如此丰富的文化内涵，怪不得人们在年节这个重要时刻都要争相食之。此外，还有几样寓意吉祥的餐食是年夜饭必不可少的，如象征“年年有余”的全鱼、象征“大吉大利”的整鸡等。在除夕夜，家人之间觥筹交错，其乐融融，共享年夜饭的美好，反映出人们渴望团圆和幸福的愿望。

人们在除夕守岁，既表达了对即将过去的一年的留恋，也表示对即将到

① 讲述人：靳先亮、白延山、李玉范；访问人：孔军；访谈时间：2013 年 1 月 8 日上午；访谈地点：青野村村委会计办公室。

来的新年的期盼。在晚上零点12点整的那一刻，全家人先到屋外放鞭炮，营造出喜庆欢快的气氛。放完鞭炮，全家人回屋在厨灶前“发纸”，将刚出锅的饺子先摆上供桌，祭奠祖先，然后再和家人一起享用。家家户户黎明时分就起床，燃放一种叫作“花铃”的炮仗。这种炮仗个头粗大，信子较短，燃放之前需要用针把信子挑出来。由于它太危险，近年来已经很少见。对孩童来讲，此刻最期盼的是收到长辈给的压岁钱。压岁钱又叫“压祟钱”，这是因为“岁”和“祟”同音，而我国民间认为小孩子的魂魄不全，容易受到鬼魅的侵害，所以长辈们希望借“压祟钱”来为孩子压住邪祟恶佞之物，以保证小孩子平安地度过新的一年。压岁钱是一种寄托着长辈对孩子们美好愿望的年节礼物，是在漫长的岁月中积淀下来的春节习俗，它蕴藏着我国传统文化中“父慈子孝”的道德伦理，这是其美好的一面；而近年来出现的对压岁钱的批评之声，也不能忽视。只有正确地引导孩子们如何使用压岁钱，才可能使它以其原本美好的意蕴继续传承。

（六）照庭与祭祖

在青野村，为了图个吉利，大年三十晚上要燃放鞭炮，烧干草，也有的村民是在放完烟花后烧干草，地点在家院门口，称作“照庭”，有的村民称之为“醮庭”（音）。照庭之后，村民把灰扫成围绕大门的半圆状，再用一根棍子在内侧挡住大院的门。过去，在这些活动后，人们就不能出门了（现在则不然，大年三十晚上邻里间的串门很频繁），开始安心守轴子。

平时放在角落里的轴子

“轴子”，当地村民的发音类似于“竹子”。它是一幅大族谱，是村民眼中十分神圣且私密的物品，不能随意给他人看，平常放在家里安全的角落里。据靳先亮说，他们靳姓各家各户都有自己的族谱和轴子，他家现用的轴子已经有十多年了，是当时与其他靳姓家庭一起请来的。祭拜轴子的时候各家祭拜各家的，而不是所有靳姓的都到某一家祭拜。村民在各自家中拜过家堂轴子以后就不用再去家坟拜祭了。据靳先亮介绍，村民只有过年时才会拿出轴子，其他时间都不拿出来。[①] 也有一些人家的轴子是请人画的，比如杨孔志老人家里的轴子就是他朋友画的，未收费（市场价应是七八十块钱），上面的字是他自己题写的。轴子一般是在大年三十下午或晚上挂到堂屋的正中间，晚上零点以后开始摆供品，供品有糕点、馒头、水果、肉、鱼、虾、茶水等，摆成一桌丰盛的酒席。此后，村民便开始为祖先守夜，整整一夜都烧香守着，且香绝对不能断，要一直续香，在守夜过程中还要磕头。轴子一般放在辈分最高的人家里，比如马印祥老人作为青野村中马姓家族辈分最高的人，轴子就放在他的家中。至于为什么要在春节将逝去的祖先接回家中过年，靳先亮的说法是“生与死的团聚”。其实早在腊月二十八、二十九这两天，一些村民就会拿着香到户外的道路口，念叨着“爷爷奶奶（或者已去世的那些亲人）要过年了，回来过年吧”等话，然后把香插到家里的香炉里，这就算把逝去的长辈请回家了。村民在家里摆上鱼、肉、烟、酒等，烧香、磕头，恭请逝去的家人回家过年。[②]

家堂轴子

上年坟是青野村村民的春节祭祖形式。时间一般安排在大年三十午后两三点钟，由家里的男丁承担。在家庭主妇准备好了祭品后，男人们把祭品

① 讲述人：靳先亮；访问人：孙梅、高向华；访谈时间：2013 年 1 月 9 日；访谈地点：青野村村委会。

② 讲述人：靳先亮；访问人：孔军、刘若轩；访谈时间：2013 年 1 月 8 日；访谈地点：青野村村委会会计办公室。

放到捧盒里或者用扁担挑着，或者挎一种用苇条编成的大提篮去坟地。在自家祖先的坟前，人们取出水果、点心、鱼、肉、鸡蛋、糖果、烟、酒、纸钱等必备的祭品摆在石条案桌上，燃放鞭炮，开始祭奠。祭奠的时候，祭奠者会跟已故的老祖“说”些话儿。比如，对那些由于年代久远、坟头已经难以辨认的祖先们说：“把年货和钱给您带来了，就麻烦你们自己分分吧！”上年坟作为一种民间信仰祭祀形式，具有一定的心意功能，所以日本民俗学家柳田国男说“那是非本土本乡人不可理解的心意现象”[①]。上完坟回家后，祭奠剩下的水果等祭品要分给小孩子吃，据说这是含喜的好东西，吃了可以得到祖先的保佑，可以茁壮成长，将来也会有出息。

上年坟，一是为了行孝，缅怀祖先；二是把自家的老祖“接回家”来过年，以求得到真正的“团聚”。祭祖的习俗体现出中国传统的伦理观念：感念祖先的恩德、追念先人的孝亲情怀以及敬畏生命、珍惜生命的自觉意识。通过传统祭祖的习俗，可以把我们中华民族敬天法祖、忠孝传家的传统美德进一步发扬光大。特别是在今天，凝聚家庭和谐关系，加强家庭美德建设，对于新的民族文化形成和健康发展有着重要意义。

待到大年初一上午，村中老少云集后，大家按辈分高低排序，依次向轴子烧香、烧纸、磕头，以拜祭祖先。来磕头的一般是自己家里的人，包括儿子、儿媳、孙子、外孙等。族内其他人也可以来，亲戚朋友也可以来。[②] 轴子在初一下午就得收起来，有的直接卷起来，有的用报纸包起来，轴子不能让初二回娘家的女儿见到。[③]

（七）初一拜年

大年初一这天，村里人相互走动拜年，叔伯姊妹们聚在一起，聊些家长里短、新知旧闻。男人们主要是彼此贺年。

大年初一上午，晚辈要登门给长辈拜年。一般情况下，无论晚辈多大岁

① 转引自叶春生主编：《区域民俗学》，黑龙江人民出版社2004年版，第27页。

② 讲述人：靳先亮；访问人：高向华、孔军；访谈时间：2013年1月9日；访谈地点：青野村靳先亮家中。

③ 讲述人：李佳金；访问人：俞理婷；访谈时间：2013年1月9日；访谈地点：青野村李佳金家中。

数，都要给家里长辈磕头拜年。长辈要给晚辈压岁钱，具体金额视个人经济条件而定，少则二三十元（主要给出了五服或未出五服但关系较远的晚辈），多则可以达到千元（主要给孙子、孙女这样最亲近的晚辈）。由此可见，在青野村，压岁钱与家族关系是息息相关的。20 岁左右的青年，结婚与否是个节点，如果已结婚就不用给压岁钱了。[①]

拜年习俗让老乡们欢聚在一起，互相谈论各地各业的奇闻趣事，在欢乐中畅快交流。这种交流不仅让每个参与者开阔了视野，增长了见识，也起到增进友谊、增强进取心的作用。同时，在和谐轻松的节日气氛中，家长经常会举亲朋邻舍中成功者的例子来教育激励身边的子孙，往往有很好的效果。春节俨然已经成为人们交流信息和自我提升的平台。虽然现在交通和信息交流都发达了，人们平日可以通过手机或网络相互联系，但是春节期间的当面交流，仍是人们内心热切渴望的一种亲情乡情欢聚的天伦之乐。

（八）妇女归宁

正月初二是妇女归宁的日子。在过去，已婚女子回娘家叫作“归宁”：“归”是指出嫁女子回娘家，而“宁”的意思为是向父母问安。著名歌唱家朱明瑛的那首《回娘家》唱的就是出嫁的女儿回娘家看望父母的情形。所以，归宁是我国春节习俗的重要部分，也是我国传统文化中孝文化的重要体现。

在青野村，已婚女子会在腊月二十三小年这天回婆家，初二回娘家。有句谚语：“媳妇打下天，过不了腊月二十三。”归宁这天，出了嫁的女儿要穿戴一新，领着丈夫和儿女满心欢喜地回门给父母拜年。女儿还会把腊月里制作的饽饽、发团等带上，分送给亲戚并展露一下自己的手艺。娘家老人们会盛情款待女儿一家。其实，随着人们生活水平的提高，老人们的期待已不再是儿女所送的礼物，他们更看重儿女的孝心以及合家团聚的和睦愉悦。对重视心灵感受的女人来讲，回娘家的日子是能让她们心情欢愉的日子。归宁的妇女回到了生养自己的父母面前，才能重新找回承欢膝下的温暖，才能

① 讲述人：马印祥；访问人：扈妙章；访谈时间：2013 年 1 月 8 日；访谈地点：青野村村委会办公室。

暂时忘记自己作为母亲、儿媳、妻子等多重的角色，在亲情的萦绕下暂时忘掉生活中的苦痛酸楚，才能像个孩子一样被父母嘘寒问暖、疼爱有加，由此获得一种与父母相依偎的幸福感。

正如美国人本主义心理学家亚拉伯罕·马斯洛的"需求层次理论"所讲，人的需要可分为基本的需求和发展的需求两大类。他认为需求层次由低而高依次是生理需求、安全需求、爱的需求、尊重的需求和自我实现的需求。不论是老人还是归宁的女儿，在这样一个亲情融融的年节氛围中，"爱的需求"都会获得巨大的满足，得到心灵的释放和精神的自由以及共享天伦之乐的幸福。将归宁这种古老的习俗传承发扬，必会有助于家庭成员的和睦以及社会伦理关系的维系。

(九)新年俗

随着时代的发展，春节本身所具有的变异性也一直在不断变化，致使一些春节新习俗应运而生。尤其是改革开放以来，像春节团年会、春节电视晚会、电话拜年、网上拜年、送鲜花、送贺年卡、发电子贺卡等新年俗层出不穷，为传统的春节注入新的内涵，使春节这个古老的节日与时俱进，呈现出新的时代特征。时下，在全国范围内最耀眼的年节新民俗当属春节联欢晚会。"春晚"被人们形象地称为"年夜大餐"，自诞生以来，很快便以老少咸宜、雅俗共赏的格调和特点征服了数亿观众，成为人们每年除夕夜的一大期待。自 1983 年春晚产生以来的 30 多年里，这种情愫愈发变得稳定，逐渐成为团年辞旧活动里必不可少的重要内容。有学者曾对此论述道：

这种可以说全球独一无二的电视节目形态，不经意间已陪伴中国观众走过了 30 多个难忘的春秋。春节晚会所独具的庆典性、仪式性以及它内在的文化意蕴都为其成为'新民俗'提供了不争的依据。中国人自古就有除夕守岁的传统习惯。过年就意味着回家，象征着团圆。除夕之夜的春节晚会符合了春节民俗的全家团聚形式。春节晚会既顺应了年俗特点，又满足了人们的过年心理需求，于是便很快被人们接受了，成为中国人必不可少的过年的节目，甚至是过年最重头的节目。①

看春节晚会与包饺子、贴春联、放鞭炮等传统年节民俗一起成了全体中国人乃至世界华人都认可的“年文化”了。

新年俗的产生，是在继承春节传统内涵的基础上一种形式的变化，更多地融合着时代气息，是对传统节令文化传承与创新的结果。新年俗之所以能够存活，根本得力于其本身发展规律的驱动。当然，这也与一些诸如电视、网络等新兴媒介的出现有着密切的联系，即科学技术的发展与繁荣对民俗生活有着重要的影响，它们为春节习俗文化内涵的依托与传承提供了不可或缺的优良载体。试想，若没有互联网的诞生，怎会有发邮件拜年贺年的习俗呢？若没有手机的出现和广泛使用，哪里来的短信拜年的习俗？最为重要的是，这些新年俗能够满足人民在春节期间以新的形式来寄托自己的理想和愿望。

在全球化背景下，春节日益呈现出新的鲜明特征——传统性与现代性共存、文化融合与文化创新共生。科学技术的迅速普及使得古老的年节民俗变得更加精彩和迷人。对新年俗，我们应该辩证地看待，要发扬新风美俗，丰富其时代内涵，以满足人民多方面的需求。广大民众所喜闻乐见的年节习俗必会青春永驻，因为只有民间才是诸种年俗活动生根生长的肥沃土壤。

二、元宵节

元宵节是新年的第一个月圆之夜，又称“元夕”或“元夜”。一般认为，元宵节的产生与道教和佛教有关。道教称元宵节为“上元节”，它与七月十五“中元节”以及十月十五“下元节”合称“三元节”。佛教传入中国以后，于正月十五“燃灯表佛”，相沿成习，燃灯成为正月十五的盛事，故元宵节又有“灯节”之称。元宵节从最初的宗教祭祀活动最终发展成为一个全民狂欢的盛大娱乐性节日，堪称“中国的狂欢节”。

① 耿强：《从“新民俗”的角度看春节晚会》，载《当代电视》2004年第9期。

(一)吃元宵

元宵节这天,除了个别老人外,青野村村民都吃元宵。元宵又叫"汤圆"或"汤元",是元宵节最具特色的食品。元宵是用糯米面做的,白色圆形,里面裹着各种馅料,例如豆沙、芝麻等。元宵节也是家人团聚的日子,不同风味的元宵寄托着人们对团圆的钟爱,象征着民众希冀吉祥美满的深层文化内涵。

(二)扮　玩

扮玩就是唱戏、踩高跷一类的乡民艺术活动。在元宵节,青野村村民会自发组织扮玩唱五音戏、说相声等。①

青野村五音戏扮玩表演

扮玩活动在青野村是个大事,村民从正月初四五就要开始准备,正月十五中午吃了元宵后正式举行,时间大约是中午1点钟。扮玩的节目是村民过年来娱乐的,表演活动一般持续到二月份。②

① 讲述人:李予花;访问人:刘若轩;访谈时间:2013年1月8日;访谈地点:青野村村委会办公室。

② 讲述人:张霞、赵继莲;访问人:高向华;访谈时间:2013年1月8日;访谈地点:青野村村委会办公室。

(三)烧香、看花灯

村民在正月十五这天要烧香,天爷爷画也要在正月十五当天的中午或下午被烧掉。烧天爷爷画的时候,民众除了烧一些黄纸以外,有些民众还会烧"元宝"——它是用厚纸做成的,用金色纸贴于表面。这些"元宝"有人从集市上买,也有人自己叠,家里的人谁乐意叠谁就可以叠,没有禁忌。靳先亮说他们家用的"元宝"就是他自己叠的,且是自学的。叠的与烧的元宝数量没有明确要求,依据个人意愿来定,不过,最少是一个。据马汝梦老人讲,正月十五要看灯,大门上挂着灯,谓之"正月十五闹元宵"。

灯火是元宵节中最具有特色的节俗事象之一,它的起源可能与上古时代先民们以火驱疫的巫术活动有关。多姿多彩的花灯不仅为元宵节带来了喜庆欢乐的气氛,也是人民大众喜闻乐见的艺术品,是劳动人民智慧的体现。此外,猜灯谜更是为人们所喜爱的节俗活动,它集趣味性和知识性于一体,是广大民众锻炼智力和审美娱乐的重要文娱活动。

张灯结彩的人家

元宵节结束后,春节才开始慢慢地告一段落,人们满怀憧憬与希望开始新一年的忙碌生活。

三、二月二

阴历二月初二这天，村民多去理发，还在这天炒豆子，谓之“歇豆”，此时正是农忙前的日子，“歇”字可谓饱含了村民的美好意愿。炒歇豆用的多是黄豆，也有村民将玉米粒和地瓜干一起炒。炒歇豆时，村民习惯用白炭土掺着一起炒，据说这样不仅可以防止豆子炒煳，还有种特殊的香味。现在已经很少有村民自己炒歇豆了，基本上都是买着吃。在这天，也有村民煮玉米吃，煮的时候会放上糖。

集市上售卖的炒黄豆和炒玉米

青野村过去还有“二月二”打囤的习俗，即用香灰围着房屋撒一圈，据说这样做可以防止污秽邪佞之物入侵家园。“文化大革命”之后，打囤习俗渐渐消失。

四、清明节和寒食节

青野村村民习惯将清明、寒食两个节日合称为“过寒食”，但节俗有所不同：清明节主要是踏青、扫墓，寒食节则要吃冷食和上坟。清明节上坟时要添土、烧黄纸而不烧“元宝”。已出嫁的女儿可以回娘家上坟，没有任何忌讳。由此可以看出,青野村村民对于出嫁女儿回娘家一事较为看重。清明上坟的供品一般是炒菜、白酒、烟、糖、水果和包子,一般不带肉。出门在外的子女在这天一般都要回来上坟。

寒食节是一年中最为重要的几个祭祖节日之一,也是女性可以上坟的为数不多的节日之一。在饮食方面,寒食之日是不能动烟火的,青野村村民会吃一些事先做好的馍馍、菜包等。青野村还有"寒食省囤尖胜过省囤底"的俗语,意思就是寒食节以后,从囤里粮食冒尖即充足的时候,就要想着节省,等囤里粮食见底了才想起节省就晚了。

五、端午节

端午节在青野村被称为"五月端午",是一个很受村民重视并且过得比较隆重的节日。在这一天,人们会吃粽子和鸡蛋。粽子是用苇叶包上糯米、豆类和红枣煮制而成,黏而香甜,十分美味。苇叶一般从集市上购买。煮粽子时,村民会在锅里放些鸡蛋,这样煮出的鸡蛋会带有淡淡的苇叶的清香,非常馨香可口。

青野村还有插艾叶和桃枝的习俗。因为青野村是山村,所以家中种有艾草的便插家艾,没有家艾的就插野艾。艾草主要插在门窗四角、大门楼子四角。而插桃枝则是用来防范邪恶之物的入侵。

除了吃粽子和鸡蛋,青野村民吃还会包子。端午节这天也是青野村村民走亲戚的日子,带的礼品一般是酒、桃酥、饼干、牛奶等比较高档的东西,购于小超市、小卖铺,礼品的数量没有要求,随个人意愿,但绝对不能空着手,用村民的话说,那样"不好看"。女婿走岳父岳母家要携带礼品,通常会得到真诚的答谢,并且岳父、岳母还会置办一桌好的酒菜来招待他们。

六、六月六

俗言道:"六月六,吃上闺女一刀肉。"每逢农历六月初六,青野村出嫁的闺女要割上几斤肉给娘家送去,看望亲人,表达对父母养育之恩的感激。

在这一天，青野村村民还要吃炒面，即把小麦粉炒一炒，放点糖，然后用水冲着喝。据说，村民只在这天吃炒面，平日不吃。马汝梦老人说他在这天要敬天，要烧香上供，供品有鸡有鱼，也包水饺，因为水饺是最好的供品。靳先亮补充说："农历五月二十日和六月六都要敬天，要做一点饺子给天爷爷供飨，祈祷他能保佑村子风调雨顺。"①

七、七月十五鬼节

农历七月十五，青野村村民谓之"鬼节"，这天也需要祭祖。村民一般白天在家中供奉轴子，当天下午或晚上摘下。村民马汝梦介绍说："七月十五这天要烧香，意义是祭祀死去的老人，请老人回家过十五。"②靳先亮则称逝去的祖先为"鬼神"，他说七月十五祭祖，是怕祖先作祟，与春节祭祖的心理是完全不同的，这天祭祖是为了大人、孩子别得病。他说这天家庭主妇会烧纸，边烧边念叨："给你钱花，你缺不着吃缺不着花的，就别到家里来。"

农历七月十五日，道教称之为"中元节"，佛教则称其"盂兰盆节"，民间还有"七月半""河灯节"等多种称谓。从各种称谓中我们可以窥见，鬼节的形成、发展受到儒学、佛教、道教以及民间魂灵信仰等文化因素的形塑和影响。

七月十五"鬼节"本是农业文明的产物，同四时节律和农作物的生长有关，和秋收有着密切联系。在与农业文明相适应的意识形态领域中，道教、佛教等宗教的兴起，以其强大的宗教力量和深邃教义改造了这一节日。虽然青野村民众并不知晓其文化内涵与儒家、佛教、道教有深切紧密的联系，也分不清神明、鬼魂和祖先之间的差异，但他们认为彼此间的孝道文化却是相通相连的，他们依旧世代传承这一古老的节日习俗，从中可以看出祖先崇拜的痕迹。

---

① 讲述人：靳先亮；访问人：孔军、刘若轩；访谈时间：2013年1月8日；访谈地点：青野村村委会会计办公室。

② 讲述人：马汝梦；访问人：刘若轩；访谈时间：2013年1月8日；访谈地点：青野村村委会办公室。

八、中秋节

农历八月十五中秋节，是青野村比较隆重的节日，当地人称它为“人节”“过八月十五”。平时在外打工或求学的人们，在这天都要赶回老家与亲人团圆。一般来讲，村民家中会置办比较丰盛的晚饭，一家人聚在一起喝酒、聊天、吃月饼，意寓团团圆圆、齐心合意。有些人家还会在院子里设立高高的月台，即一块儿由石头垒成的平整方地，夏夜可供乘凉，而中秋节可以在此赏月。

月饼是中秋节必不可少的食品，深得村民的喜爱。原来村里有些人家会自己做月饼，后来基本上都是买现成的。现在，每年中秋节青野村村委会都会给家家户户发月饼，每户发 1 公斤。如果一户中有一位 60 岁以上的老人，则再加 1 公斤，以此类推。

此外，和端午节一样，八月十五也是女婿走岳父母家的好时节，尤其是新婚燕尔的新女婿，要置办丰厚的礼品看望岳父岳母。

九、重阳节

九月九日“重阳节”是一个尊老、敬老的节日，青野村的老人们通常在这天聚会，吃饺子。文祖镇一些富裕的村委会在这天给老人们发酒、发油。[①]重阳节当天，济南千佛山有庙会，青野村村民一般都会去参加并进行表演。比如青野村五音戏名人马乃转，他平常在家忙自己的事情，只有在九月九、春节等重大节日才去献唱。[②]

① 讲述人：李佳金；访问人：扈妙章；访谈时间：2013 年 1 月 8 日；访谈地点：青野村村委会办公室。

② 讲述人：李予花、杨志辉；访问人：孙梅、高向华；访谈时间：2013 年 1 月 8 日；访谈地点：青野村村委会办公室。

九月九重阳节济南千佛山庙会

十、寒衣节

农历十月一日是寒衣节，它与清明节、中元节合称中国“三大鬼节”。在这一天，青野村村民也要去上坟祭祖，或者摆供烧纸祭祀去世的亲人。这天上坟的流程与清明基本一致，但这天是不添土的。由于时值农历十月，天气日渐转凉，人们将纸折成或剪成纸衣烧给去世的亲人，希望他们在另一世界穿上暖暖的新衣，以免受饿挨冻。上坟祭祖时有一套说辞，如“这是孙子、外孙子等小辈为长辈送的孝敬钱，你们别舍不得花”等，并且祈求去世的亲人保佑家里人平平安安。

据李佳金老人讲，外出打工或求学的孩子在这天要回来上坟，“甚至有的孩子从东北专程回来”。不过，也有很多男性在外打工赶不回来，这样的话，就由家中女性代替其上坟。

青野村的节俗有一些独特之处，且不少节日有着一些共性，如吃水饺。当地称水饺为“包子”，村民经常在岁时节日吃“包子”，平常也吃。“包子”在当地已经成为许多节日的符号，这些节日有除夕、元宵节、端午节、六月六、中秋节、重阳节等。在青野村，有些节日与五音戏紧密相关，用村主任的话

说，就是“五音戏逢年过节的时候唱，农忙的时候不唱，就得农闲的时候”，这体现着五音戏与当地节日的关联，也体现着它在当地文化领域的重要地位。通过对青野村岁时节日的调查，我们惊奇地发现，青野村虽然地处省道一侧并距离章丘城区不远，但却是一个较为传统的村落，有着紧密且微妙的宗族关系，更有着传统且美好的道德标准。春节、端午节、中秋节是最隆重、最受当地人重视的三大节日，是村落岁时节日体系的主体部分。农时节令制约着村民过节与否，并主导着节俗的走向，民众大多会选择过些阴历节日，一些阳历法定节假日（例如“五一”劳动节等）与农忙冲突，成为城市人才会过的节日。

岁时节日的功能属性在青野村依旧存在，且与民众的日常生活互动。不过，在这个以城镇化为重大导向的社会，作为沧海一粟的青野村已经有了些许现代模式的痕迹，岁时节日习俗在一种良性的文化传承中不断变迁。有着传统道德与艺术气息的青野村民在传统与现代之间的调适中不断地回忆与展望。我们这些民俗人要做的，便是怀着一颗敬重与友善的心，去感受他们的青野式生活。

第三章 宗族、信仰与婚丧

一、宗　族

家族作为基于血缘关系而建立的社会组织类型之一，在乡村社会关系的运转和维系中发挥着重要的载体作用，族规族法制约着村民的日常生产生活，族内公共活动则又增强了家族成员间的凝聚力。

（一）村落行政管理组织

2013年去青野村调研时，进入青野村村委办公室，我们可以看到挂在墙壁上的各种管理条例，其内容涉及村落内部的方方面面，条例为时任支部书记李予花制定。"两委"交叉任职，李予花担任支部书记和村委委员，明宝烈任村委主任，杨禹志任支部委员和村委委员。村支部书记李予花一直强调本村各项事务都遵循民主原则：

> 俺们村选举，民主意识强到什么程度？两口子都不选一个人，各持己见，就这样。[①]

① 讲述人：李予花；访问人：孙梅、高向华；访谈时间：2013年1月8日下午；访谈地点：青野村村委办公室。

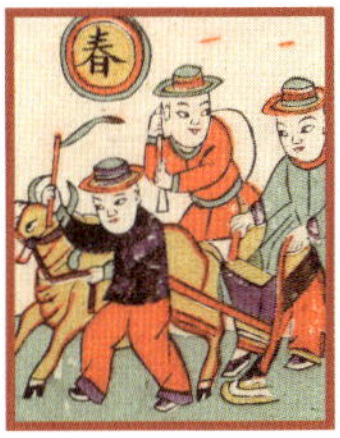

从她的话中我们也可以看出，青野村村民热衷于村内事务，各项工作在村两委的主持下依据民主原则有条不紊地进行着。

青野村村委会

马姓为村中大姓，而村委成员却鲜有马氏。李予花介绍说，本村每三年进行一次选举，支部换届在 3 月 15 日，村委会换届在 4 月 24 日，由党员代表和村民公开选举；75 名党员选支部成员，2600 名村民无记名投票选村委成员。①

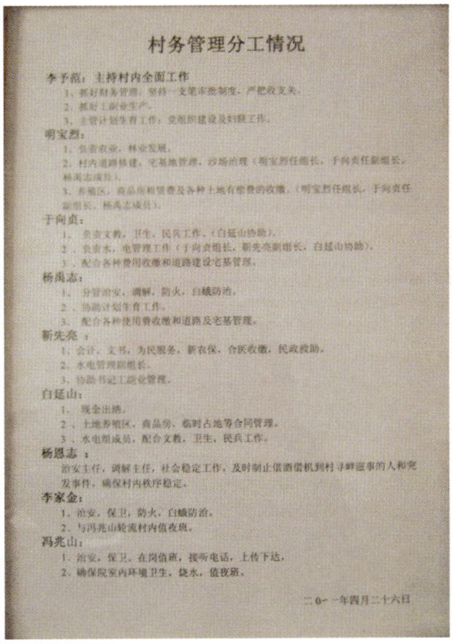

李予花主持村内工作时，通过民主讨论解决各项事务，并且有专人负责记录，实行实名签字制。到场人员一般有支村委、会计、治安调解员、村民组长和部分村民代表。换届时，支村委人员会发生变动，但是会计和治安调解员一般不变。

村务管理分工情况

① 讲述人：李予花；访问人：孙梅、高向华；访谈时间：2013 年 1 月 8 日下午；访谈地点：青野村村委办公室。

时任村支部书记的李予花在接受访谈(2012 年)

(二)族谱的修订

青野村姓氏众多,村内各姓有族谱和家堂轴子的人家也非常多,这也是青野村的一大特色。因调查时间所限,我们只重点查访了靳家和马家族谱,据以说明青野村族谱修订的情况。

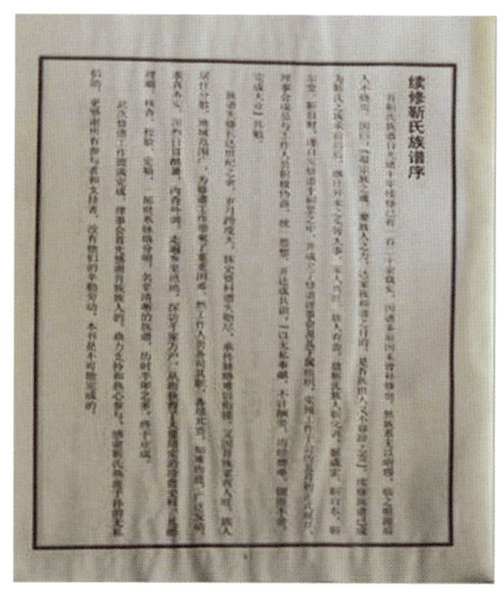
续修靳氏族谱序

续修靳氏族谱序

《靳氏族谱》记载:

> 吾靳氏族谱自光绪十年续修已有一百二十余载矣,因诸多原因未曾补修也。然族系无以昭穆,临之根源后人不晓焉。因曰:凝宗族之魂,聚族人之力,达家族和谐之目的,是吾族世人义不容辞之责。

靳姓家族在光绪十年(1884 年)第一次修谱,在西河还有靳氏族谱和祠堂。2011 年又重新修谱,即现在的族谱。据靳先文介绍,青野村靳姓在清朝初年从文祖镇王黑村迁来,现在章丘所有靳姓都是从王黑村迁出。若是从王黑村靳姓继续往上追溯,靳先文却也不甚了解。2011 年所修族谱包括章丘所有靳姓,其间来自海内外的很多靳姓都捐赠了钱款,全村共收集了 2200 元。最后修谱完成时每本工本费用只要 100 元,村民对族谱的修订都很支持,大都愿意花钱购买。

《靳氏族谱》书影

《马氏族谱》记载:

国有国档,地有史志,家有族谱,是自有文字之后,以文字形式记录一个地区的社会发展史和人类繁衍迁居史。就家谱而言,它并非宗派主义,它是一个地区乃至世界文史的组成部分。有谱而不续谱,不但无以承先人之志,亦无以续九族之亲,更无以启后昆之睦,承先考未竟之志。

马姓在村落中属于大姓,而历史并不是最久远的,但是因其人口众多和历史源流,也成为研究青野村历史和村民生活不可忽视的一部分。据老谱记载,马姓是在永乐年间从枣强迁到马安的,第一个迁来的是马道刚,到现在已是 700 多年了。①

在“文化大革命”以前,《马氏族谱》有 7 本,其中 5 本在后来“破四旧”中被焚毁。据马印祥老人介绍,他在自家墙内挖了个洞,把族谱藏入,才使得其中两本得以保存。“文化大革命”以后,他和曾在章丘市城建委工作过的侄子商议过重修族谱。②

① 讲述人:马印祥,青野村村民;访问人:刘若轩、高向华、孔军;访谈时间:2013 年 1 月 9 日下午;访谈地点:青野村马印祥家中。

② 讲述人:马印祥,青野村村民;访问人:刘若轩、高向华、孔军;访谈时间:2013 年 1 月 9 日下午;访谈地点:青野村马印祥家中。

据马印祥等老人介绍，马姓有三大支，分别为安宁、安泰、安龙，他属于安泰一支。村内修订族谱的负责人为马印祥、马汝梦等，他们几人负责收集村内马姓资料，历时两年才将族谱修订完毕。此次续谱以男性为主，部分女性也列入其中。原因有二：一是因为实行计划生育，一对夫妇只生一至两个孩子的政策，人们逐渐提倡男方到女家落户，女子同男子一样有继承权。二是女子纳入族谱，在后代成婚时便于世系关系的查访，避免近亲结婚，确保后代人口出生质量；若女子的后代姓氏随母亲，同男子一样可作为一支继世。据统计，载入谱中之人口，一至二十五世，共3156人，其中男子2300人（兼嗣109支），女子856人（继世17人）；男子2300人中，后继无人的151人，失序的136人，传有后世的2139人（含兼嗣109人，女继17人）。此次续谱前，原谱中的人口有1119人，兼嗣91支，覆盖一至二十二世。1949年之后，人民生活安居乐业，人口数量剧增，这次修谱增续人口2037人，其中女子856人，覆盖十八至二十五世，比修续前人数增加近两倍。族谱所需费用部分由海内外马姓人氏捐赠，剩余部分则由购买族谱者捐助，每本150元，在村子北片区售出160多本，在南片区售出107本。

马印祥老人讲《马氏族谱》

村内各家除了保存有自家族谱以外，大多还有家堂轴子，一般在春节、正月十五、七月十五挂出来，其余时间不用。大年三十下午，村民在家中摆上供品，挂上家堂轴子，儿子、儿媳、孙子、侄子、侄媳要前来共同拜祭。正月初一上午，除了上述人员以外，女婿和外孙也来祭祀，但是女儿并不参加。

族谱上面一般会有族规等内容，但是问及其是否对于现代族人还具有约束作用，村民普遍反映这些族规仍有一定道德教化作用，但不具有很强的约束力。村民马印祥的表达非常淳朴：

> 你姓马，我也姓马，是你辈分大，还是我辈分大？这就区别出来了，该叫叔的叫叔，该叫大爷的叫大爷。它（族规）就起这么个作用——防止串位，就是不叫它乱了啊。现在国家也不控制那出了五服的年轻人近亲结婚。①

新制作的家堂轴子

从村民对家谱和家堂轴子的重视程度我们可以看出，一方面，家庭的延续性在村民心目中非常重要。从某种程度上说，它们深深地打上了历史的烙印，是村民血缘的延续。另一方面，因为青野村素有“好闺女不出庄”的说法，村中持“女不外嫁”观念者占比例很高。家谱和家堂轴子上所属支系清楚无遗，各家族内部辈分清晰，除了起到承上启下、说明家族后继有人等作用外，亦可以防止近亲结婚，提高人口生育质量。

（三）家族在村落中的地位

家是由亲属纽带结合在一起的，虽然马姓、杨姓在村中属于大姓，但是因为该村民主意识较强，家族权力对村内事务并不具有很大的影响作用。同时，各个家族内部辈分较高的人所具有的权威也大不如前。一般家族内

① 讲述人：马印祥；访问人：刘若轩、高向华、孔军；访谈时间：2013年1月9日下午；访谈地点：青野村马印祥家中。

部出现矛盾时，如果事件比较小，则会先请族内长辈调解，但有时候也会请与当事双方关系不错的人调解，不一定是本家，这种调解受多种因素影响，效果不一。若矛盾未能解决则再到村委甚至法院进一步解决。据靳先亮介绍，现在人基本上不愿意管闲事，这也在一定程度上削弱了宗族在日常生活中所起的作用。村落中宗族的作用一般在有红白事的时候才会凸显出来，多数体现为互助帮工。但因为青野村人口众多，所占面积较大，按照地势，全村被划分成五个片区，每片都有专门的片长负责该片红白事等事务，这也是对村落家族凝聚力的一种瓦解。因为村民淳朴的品性，或许是调查所限，村民们普遍反映各姓氏没有什么家族问题，不存在宗派问题，并没有村内矛盾事件，不过这也不能说明宗族如今在村落已经失去了其原有的地位和作用。

（四）上门女婿与女不外嫁

在青野村，家中若没有男孩则允许有上门女婿，但是不论这家女儿有多少，只允许其中一位找上门女婿。上门女婿在村内可以分到田地，享有与本村村民一样的待遇。青野村有80多户上门女婿，子女大多随女姓，只有七八户随男姓；随男姓还是随女姓都是男女双方事先协商，中途没有改姓的现象。

另外一个有趣的现象是，青野村的女孩大多不愿意外嫁到别村，而别村女孩却乐意嫁到青野村。出现这种现象，一是因为青野村经济相对富裕，二是出于女孩们对五音戏的由衷热爱，她们怕万一嫁出去，可能就不太方便再进剧团继续演唱五音戏了。不可否认，上门女婿和女不外嫁造成了村落内部错综复杂的亲属血缘关系，使得村落内部各个家族之间都有着某种亲缘关系，这对各个家族之间的关系或纠纷必定起到润滑剂的作用，减少了村内各种不和谐因素发生的概率。

作为一个杂姓村，青野村各个家族的宗族作用并不显著，村内民主意识较强。据笔者推测，青野村浓厚的民主观念可能是与章丘区邻近，受外在因素影响较大所致。虽然村落宗族意识并不浓烈，但是青野村人却对祖先祭祀等活动十分重视。祭拜先祖，虔诚祝愿，是宗族内部血缘关系的延续，使村落在时间上产生一种纵向的历史感，而各个家族之间错综复杂的族际关系可以说是村落关系一种横向剖面。

二、信　仰

青野村民众信仰呈现多样化特征，既有本土化的民间信仰，也有由西方传播来的宗教信仰。信仰崇拜的对象主要包括天爷爷、泰山奶奶、观音菩萨、财神爷、灶王爷、眼观奶奶、基督耶稣等，这些信仰对象常依附于庙宇、庙会等各类信仰存在的文化空间，能满足民众心理安全感的需要，由此形成了与民众劳动生产、物质生活、社会惯制等多种民俗事项紧密关联的精神信仰民俗。

（一）诸神信仰

天爷爷　许多青野村村民信奉天爷爷，用靳先亮的话说就是“家家户户都信”。逢年过节，村民便将天爷爷的画像供奉在客厅里或贴在北屋外侧墙上。据杨孔志老人讲，村民也不确定天爷爷具体是什么神。靳先亮则称天爷爷就是老天，且将天爷爷归为佛教。他还说供奉在家里的神像一般是从集上购买的，过去不叫“买”，叫作“请”，以显示出人们对天爷爷的敬畏。

天爷爷像

财神爷　青野村里做生意的人比较多，因而村里普遍信奉财神爷。人

们信奉武财神关羽，把他的神像摆在朝向大门的地方。一方面祈求他能给家里招财进宝，让自己过上富裕的生活；另一方面也期望他能镇宅辟邪，保一家平安。在青野村原来存有东关庙和西关庙，两座庙中都供奉着财神爷。

灶王爷 灶王爷是青野村村民普遍信仰的又一神灵。传说，灶王爷本是天上的一颗星宿，因为犯了过错，被玉皇大帝贬谪到了人间，当上了“东厨司命”。他端坐在各家各户的厨灶中间，记录人们的生活行事，每年腊月二十三都要上天向玉皇大帝禀报这家人的善恶情况，让玉皇大帝赏罚。为了让灶王爷说好话，每家每户都会准备好又甜又黏的年(黏)糕或者黏糖之类的糕点糖果，意欲黏住灶王爷的嘴，或者让灶王爷的嘴变甜，上天说好话，以求家庭兴旺、五谷丰登。“上天言好事，下界保平安”就是对人们此种心理的准确概括和表达。所以，青野村民才会把灶君神奉为“一家之主”。

一般而言，人们在腊月二十三小年这天会举行辞灶仪式。不同的神分别在不同地方祭祀，对此靳先亮有详细的介绍：

> 屋子的正中是祭祀祖先轴子，北屋上手的墙上贴财神像或放财神像，菩萨放在西边，灶王爷放在饭屋，玉皇大帝在北屋大门上手窗户的地方，有个小石头桌子，即香台子、佛龛，用来敬天爷爷。①

并不是每家每户都有石头桌子，有些人家过年的时候用木头桌子来代替。

香台子的形状并不确定，可以是任意的。使用香台子的时间是年前和农历六月二十。靳先亮还说院子里的香台子是专门供玉皇大帝的，其他的神一般供奉在屋里。以过年为例，大年三十的晚上，要为天爷爷摆上祭祀用品，夜里要烧好几次香，天亮了也要烧纸，家人磕三个头祭拜，祈求平安。供奉天爷爷的目的在于祈福，让老天保佑大人和孩子平平安安、万事如意。祭祀的时候会摆放一个香炉。烧几炷香是有讲究的：“神三鬼四”，即菩萨、财神、玉皇大帝都是三炷香，老祖宗则是四炷香。祭祀时摆上供品，直接烧香。供品可以是包子、酒、水果、点心、馍馍、肉、鱼等，供品的数量没有具体要求，随自己的心意，只要虔诚便好。

---

① 讲述人：靳先亮；访问人：孔军、刘若轩；访谈时间：2013年1月8日；访谈地点：青野村村委会会计办公室。

泰山奶奶 青野村村民有供奉泰山奶奶碧霞元君的习俗。信众一般会将泰山奶奶的神像请回家，而且每年会到锦屏山的泰山行宫上供。

观音菩萨 村里有些人家供奉观音菩萨，村民亲切地称呼观音为“老奶奶”。每逢农历初一、十五上供，并烧黄纸、元宝。这一信仰在当地较为普遍，人们在观音的生日农历二月十九日这天进行祭拜，还摆上香炉和供品，以祈求观世音保佑全家人平安健康。

眼光奶奶 眼光奶奶，也被称为“眼光娘娘”，是流行于中国北方大部分地区的道教神祇。在民间信仰中，眼光奶奶是一位手托巨大眼球的女神，专门为百姓治疗眼疾、禳灾祈福。据村里老人回忆，原来村里的真武庙侧殿就供奉着眼光奶奶(后在1958年“大炼钢铁”运动中被破坏)，每逢农历三月初六眼光奶奶圣诞日，青野村的信众会准备好丰盛的瓜果点心等供品，虔诚地祭拜眼光奶奶。在信众眼中，泰山乃是神山、灵山，因此来自于泰山的眼光奶奶也是异常灵验的神仙。尤其是那些身患眼疾的百姓，他们相信眼光奶奶的无边法力，希望在她的恩泽下药到病除，重享光明。

基督耶稣 基督教作为外来信仰，在青野村有十几个信徒。其中，基督团契的组织者叫郭翠花，如今已70多岁。信仰基督的村民相互之间来往密切，每星期都会做礼拜。因当地没有教堂，故所有人都到郭翠花家里进行集体礼拜。平时是在晚上做礼拜，农闲时定在周日进行，农忙时则根据空闲时间来决定。值得注意的是，有基督信仰的人家开始不再遵从一些传统节日的习俗，例如过春节不再烧香上坟，只做礼拜和祷告。

村民家里供奉的观音菩萨像

(二)庙宇、庙会

正如很多地方一样,经历过“文化大革命”之后的青野村,其村落信仰的载体变化很大,特别是村中原有的庙宇几乎都被破坏乃至消失。村里的庙主要有真武庙、东关庙、西关庙、浆水庙。

据村中老人们讲,原先村里有座规模不小的真武庙,位于村子的中间,大约建于明末清初,建筑面积约有 200 平方米。庙堂殿宇盖得很好,坐北朝南,房顶使用灰色圆形瓦,四角挂风铃,庙宇门口的台阶共有 22 级,采用大理石制成。庙内有园林,设计古朴典雅。庙前建有钟楼,钟楼外侧不远处还有一个夫子庙,由几块大石头扣搭而成,相对比较简陋。真武庙大殿里面供奉着真武爷神像,侧殿供有眼光奶奶和送子娘娘神像,神像塑金身,高达 2 米左右。庙里有个大戏台,每年都会上演几回大戏,场面非常热闹。真武庙原先由几位道士管理、具体操持庙内事务。

前来供奉的人一般是周围几个村子的妇女,老年人居多。她们每逢农历初一、十五,或者在三月三、六月六等吉祥日子都前来烧香上供。如果家里有病人,就不管什么日子都来烧香,求真武爷减灾降福。如果有人眼睛不好,那就去眼光奶奶那儿上供祈祷。1958 年“大炼钢铁”的时候,庙里的木头都被拆去烧火炼钢。在村民看来,信神建庙是信众应尽的职责,是一件善事。

现在村里头还有几座小庙,分别是东关庙、西关庙以及浆水庙。东关庙和西关庙供奉财神关二爷,但现在庙内已经没有神像。村民认为,关二爷是一位很灵的财神。这也反映出当年建村后,村里人家境相对殷实,所以才给关二爷建了两座庙。浆水庙位于村西头,村里人喊作“西头庙”,称浆水庙的神为“小鬼哥哥”,如今只有建筑残骸而没有供奉的神像。村里有人去世时,就到这里进行送浆水仪式,是丧俗中重要的仪式场所。

青野村的庙宇现在几乎没有其他用途,即使在庙宇完存的年代,也很少在此举行庙会。由于青野村地处济南与莱芜交界处,所以村民更多的是去参加莱芜地区的庙会,离得较近的是娘娘庙,那里供奉送子娘娘神像。每年的阴历四月十八,赶庙会的人会去那里求子。当时,民间还有个说法,叫“赶山赶会，吃包子不贵”。这与布谷鸟的叫声很像，村民认为这也是庙会定期在农历四月十八日的原因之一。过去村民家里穷，对好吃的充满向往，每逢庙会就会领着孩子去赶会，跟赶大集一样。村民常去的本地庙会是锦屏山庙会和济南千佛山庙会，山上有泰山行宫，供奉泰山奶奶。千佛山庙会在每年的三月三和九月九举行，附近方圆几百里地的人们都去赶会，庙会活动内容丰富多彩。

（三）器　物

纸卧子　纸卧子又叫“纸座”，是人们准备祭祖祈神用品时常用的印钱器具，有人将其戏称为“手动印钞机”，只不过印制的钞票是冥币罢了。纸卧子是一根长约20厘米，直径跟铜钱直径相近的圆木棒，通常是榆木、柞木等木质较硬的良木，在一头刻上内方外圆的铜钱形状，被用作祭祀祖先神灵的祭器。

在民间信仰中，不论敬天拜神还是祭祀祖先，都要把纸张烧掉。因为人们认为纸张只有化作烟雾，升腾飘散，才能作为冥资在阴司地府流通。烧化的纸要用黄表纸，用纸卧子在上面打上钱印，烧化以后方能流通使用，否则就是一堆无用的纸灰。打纸的方法颇为讲究，一定要由家中的男丁自上而下、从右往左，用一根木棒（绝不能用铁棍等铁制品）敲打纸卧子，每次只能打一下。用纸卧子打好的纸钱上会留下一排排、一列列的钱印，这个过程叫“打纸”。

打好纸钱后，用手把一摞摞的纸钱对折，轻捻成扇面形，露出每张纸的纸角，这叫作“划纸”。划纸的目的有二：一是为了方便纸钱的折叠，二是烧纸时让纸更易于燃透、烧尽。人们觉得未经划开的纸钱烧掉后会粘连在一起，祖先无法清点数目，只能是一沓无

纸卧子

用的废币。划好的纸钱和金锞、银锞一同烧掉，借此孝敬飨食祖先神灵，也寄托着人们希望亡者灵魂保佑家人发财致富、平安健康的美好愿望。

随着社会的变迁，人们的生活方式和价值观念不断改变，只有一些老人们犹如遵循生命的律动一般，还恪守着这一传统习俗，而很多年轻人对打纸和划纸等习俗非常淡漠，甚至对此闻所未闻。再者，由于人们懒于购买或根本无处购买纸卧子，便用面值百元的钞票在黄表纸上象征性地丈量几下了事，于是，纸卧子这种民俗器物渐渐淡出人们的生活。

三、仪式礼节

人的一生会经历生、老、病、死，与之相伴的是在不同年龄段所举办一些相应的仪式礼节，比如诞生礼、成年礼、婚礼、寿礼、丧礼等。在乡土社会中，举行婚礼及其仪式活动的习俗，百姓谓之“红事”；举行的丧礼及其仪式活动习俗，民众称作“白事”。红白事既联结着老百姓的人生需求，也深受儒家传统文化和价值观的影响，因此，红白事是社会民俗的重要内容。

（一）婚　俗

婚礼是喜庆事，也叫“红事”，是一个家庭乃至村子的大事，一般包括以下几个主要环节：

定日子　结婚双方要提前定好嫁娶的日子。所定日子需要是双日，所谓“双日”就是偶数日。这一天要“送缘房”，即女方家长送给女儿的陪嫁东西，主要包括被子、褥子、衣服、橱子、沙发、电视机等家庭用品和日常吃、穿、住、行的物品。定日子的方法有多种，主要是按照女方的生辰八字来定。如果同时查看男女双方的生辰八字，则是合婚，即看两人今生婚姻是否合适。定日子只看女方的生辰八字，是因为女方要嫁到男方家，成为新的家庭成员。原来的家庭成员已经组合好了，她是新来的成员，所以按照她的生辰八字选择吉日。嫁娶的年份、月份、日子，是由生辰八字决定的。一般而言，男女双方的属相也要测验，每个人都有四种需要避讳的属相。例如，女方属蛇，那么她忌讳结婚的属相有虎、马、狗、猪。村民认为凡是属蛇的都忌讳这四个属相，双方最好不要结合。

请媒人或证婚人 在过去，男女自由恋爱比较少，大都遵循“父母之命，媒妁之言”。村民杨孔志说，现在村里年轻人自由恋爱的占30%，通过介绍人介绍的占50%。虽然靠介绍人介绍的比较多，但是两个年轻人只要同意，基本就能成。自由恋爱可能不需要媒人，但婚礼上需要证婚人，一般请男方或女方的朋友担当。

送缘房、带镜子、盐碗子 传说，从商朝到现在，人们相信世间有看不见、摸不着的凶神恶煞，所以都喜用发光的东西来辟邪，而镜子就是其中的一种。娶亲前一天晚上，男方去女方家时，就把镜子、红袄、香、蜡烛以及一对盐碗子带过去，在结婚当日再由新娘子带回到婆家。盐碗子一般需要两个碗和一双筷子，筷子两头各用红绳系上两个铜钱。铜钱以康熙、乾隆时期的为佳。“盐”的谐音是“缘”，代表缘分。筷子成双，寓意成双成对，和和美美，其实也代表油、盐、酱、醋、茶，吃喝不愁。据村里老人讲，在原来的婚俗礼仪中，女方会专门在带往夫家的馒头里面放上几块小石头，用来磨婆婆牙，这是因为在封建社会婆婆、儿媳多不相容，有的婆婆会打儿媳，此举旨在启示婆婆要善待儿媳妇，希冀两人能和睦相处。同理，儿媳妇进门以后，婆婆要先给她下一碗面条，希望两人能和和顺顺地一起生活。

上头和开脸 上头是婚俗中重要的仪式活动，指的是在结婚前把女子的头发编成发髻，并配上各种发饰。上头常用的工具有梳子、镜子、红头绳、龙凤剪刀、子孙尺等，同时也取其吉祥寓意。上头不仅是新娘发型的改变，更是她身份角色转变的象征性仪式。上头的时间一般安排在结婚日的前一个双日，女方宴请亲戚喝酒祝贺，男方的人员不参加。女方亲戚带上礼金礼物前来祝贺，姥姥、姨、妗子等都会根据亲戚关系的远近以及家庭经济条件决定礼金的数目，现在一般送1000元。上头之后，新娘还要开脸。一定要请家里父母、丈夫、子孙都健全的“全福人”妇女为新娘开脸，图一个人丁兴旺、子孙满堂的好兆头。开脸时，全福人使用镊子、棉线轻轻地去除新娘面部、鬓角、额头的细小绒毛，然后精心地给新娘修眉、画眉和涂脂抹粉，让皮肤看起来更细嫩光亮。上头和开脸仪式，意味着新娘变得成熟，即将过渡到另一个人生阶段。

接亲 在结婚日的前一天晚上，新郎在晚上八九点钟之前赶到女方家，等

待第二天接走新娘。之所以提前赶到新娘家，是因为预先看好了吉时良辰。新郎在新娘会受到热情款待。两家吃菜喝酒一整夜，等待过门的最佳时间。过门的最佳时间各不相同。例如，6点过门，根据这个时间算，如果两家相距两三公里，那么5点出发就可以。如果路途较远，就得提前出发，目的是赶上过门的最佳时间。最佳时间的确定也是根据女方的生辰八字，一般在寅时、卯时、辰时，寅时就是3:00～5:00，卯时就是5:00～7:00，辰时是7:00～9:00，具体情况因人而异。现在大多数定在中午。

从女方家出发前，男方会被拦门儿，非常热闹。过去一般是多带一些烟酒，好“贿赂”人帮助开门，现在则是多准备几个红包。

接亲的路向要求严格，必须和送缘房是同一条路，也就是说，送缘房时走的哪条路，回来还要走同一条路，不能走不一样的路，意指不能步入歧途。按照过去的老传统，接新娘是用四人抬的轿子，而现在大多用轿车。跟随女方一起到男方家的还有一位特殊人物，人称“揽头”，他可以是女方的亲人，也可以是乡土社会里有威信、懂礼节的人，一切礼仪习俗流程都由他掌控。接亲是一件非常热闹的事，男方家还要请吹鼓手或乐队，家境殷实的人家还会请歌手和戏曲演员。

现如今，雇乐手的人家不足5%，因为红白理事会不主张婚事大操大办，倡导节俭办事。不仅如此，在接亲的途中还有些需要注意的地方。例如，新郎去接新娘以及回来的路上，凡是遇到河、桥、碾、磨、池塘、岔路口，都得放炮仗，意思是这一去一回一路顺风、一路畅通；还要在碾、磨上贴上红纸，因为在传统文化中“碾”和“磨”象征着“青龙”和“白虎”；在自家周围附近的下水道井盖、垃圾桶以及各种障碍物上也要贴上红纸，祈求辟邪保平安。

过门 接上新娘之后，男方家人估量着新郎、新娘快到了，就在大门前摆上两个火盆。新娘下车时，由男方安排的两名女性迎接，她们称“架客”。新娘的脚不能沾地，只能走在事先铺好的红毯上。新娘跨火盆时，男方专门安排人员往火盆里倒酒，新娘子跨过火盆，寓意未来生活红红火火。然后，新娘还要跨过一个马鞍，马鞍摆放在门前，跨过去也就意味着新娘跨过门槛成了男方家的人。

到中午，这对新人要先拜天地，磕头。天地桌摆放在北屋的前头，靠房间右侧。桌上摆着两个烛台、一个撑子(过去织布所用器具)和一个大香炉。烛台上点着蜡烛。上供的供品有五碗菜,如鱼、肉和炸菜等。拜过天地拜高堂。过去有的人家还要给厨师磕头,以表示对厨师的感谢,因为那时婚礼上十几桌的菜几乎都是由单个厨师完成,非常辛苦。最后夫妻对拜,两人相对磕头三次。在过去,对拜之后会由两位架客将新娘送入洞房,现在则是由新郎抱着新娘进洞房,新郎还要给新娘挑盖头。新娘过门之后,男方还要宴请朋友同学,这些人称作“仗子客”。

(二)丧　俗

在青野村及周边地区,村里人去世举办丧事叫作“办公事”,公事显然不同于私事。一个人去世会惊动全村人,且家族成员、亲戚朋友不论男女老少都要来帮忙和悼念。青野村负责白事的管理机构是红白理事会,不同村落片区拥有不同的片长,且每片的红白理事会成员也不尽相同。经过对青野村丧事习俗的走访调研,发现其葬礼习俗的内容主要包括以下几项:

报丧　当村里有人去世,其离世的消息会派人传达给死者的亲朋好友,负责此事的人,村民俗称为“助忙的”,一般是熟悉死者家庭亲属关系的街坊邻居,切不可让死者子女报丧,因为死者子女要为其守灵尽孝。助忙的会根据死者亲属的请求,在第一时间尽快前往各村告知死者亲戚前来参加丧礼的时间。一般而言,死者的直系亲属要立即赶回村里,而死者的旁系亲属和朋友等,会在规定的时间来打祭。

搭棚　主家在派人报丧的同时,会立马着手进行搭棚。灵柩停放在屋内,用于祭奠的灵棚则设在院落内,棚内摆放着各类祭奠用品,如桌子、瓷盆、草席等。由于接下来几日内的活动都会在此举行,因此灵棚要求结实。为预防风雨天等恶劣天气,还会在棚顶搭设防雨布等。对此,村民杨孔志说道:“灵棚就在房屋的正北屋外头那个天井里。不管晴天还是下雨天,(灵棚)都一定要搭,因为有风啊雨啊什么的,容易弄脏菜。”①

① 讲述人:杨孔志;访问人:俞理婷;访谈时间:2013年1月8日上午;访谈地点:青野村村委会办公室。

打祭 丧葬仪式开始的第二天，最重要的活动就是打祭。所谓“打祭”，就是亲戚带上煮好的菜，前往死者家里祭奠。死者的亲朋好友来时带着两大件或三大件，前来为死者送行。鉴于前来祭奠的亲朋较多，加起来可能有好几十人，如果每户都带上三大件并不能都吃完，非常浪费，于是在“文化大革命”时期打祭习俗被取缔了。

村民带上黄表纸去打祭

不同人参加打祭的穿着也有所区别：死者的儿子和女儿都是穿戴白大褂子和孝帽；侄子、侄女这一辈人则在腰间扎一块白色麻布；未出嫁的闺女、侄女，则扎蓝色麻布。麻布的长度按照各自家境条件分为两个等级：家境较好的一般是七尺或五尺，家境普通的则三五尺。

亲戚来祭奠时需要带上礼金(50 元左右)，同时带上一两刀黄表纸，每刀有四五厘米厚。

主家会在门口安排一个 10 岁以下的小孩儿来迎祭客。他站在桌子前边，每当有祭客来吊丧时，他就说：“迎祭客啊。”祭客到灵棚前，需要先作揖，然后跪下，司仪就把酒杯端给他，祭客跪着，双手端着酒杯，先后点三次，即在地上洒下点酒，称为“敬酒”。

待到祭客磕完三个头，主持人说“起”，祭客就站起来，作一个揖。主持人会说：“谢祭。”在场所有的“孝子”(主要是穿白衣裳的子女)，给来祭的人磕头，以感谢祭客的到来。此时，祭客需要还礼。一般情况下祭客拱手作揖即

可，而外甥、女婿、干儿子或干女儿等关系近的人需要磕头还礼。等灵棚前的仪式结束后，祭客就到门里去，主持人说："门前谢祭啊。"门前专门负责磕头的人要给祭客磕个头，表示感谢。

路祭　第二天下午要出殡，就是把逝者送到坟地，称"路祭"。按照传统习俗，路祭是在去往坟地的路上摆祭，从主要的路口一直到坟地，凡是村里的街道和村外的路口都得要摆祭，当然要根据距离和路程的远近决定摆祭次数的多少。路祭有一套固定的仪式流程，即祭客作揖、点酒、磕头。祭客主要是街坊邻居，他们带些烧纸或现金来为死者送别。

路祭结束以后会烧纸扎品，比如纸马、纸轿。纸马、纸轿等是先用玉米秸秆或高粱秸秆扎成马和轿的样子，再用纸糊起来。纸扎艺人的手艺很高，纸扎品花花绿绿，非常精美。一般而言，如果死者为男性，那么所烧的纸扎品是纸马；如果死者为女性，纸扎品则是轿子。然后，死者家里的孝子，来到村边某个固定的地方（一般就在路口上）为死者呼喊，这叫"指路"。死者的长子站到一个椅子上，边烧纸扎品边喊死者上路。一般是面朝西南说："上西南，××（对死去亲属的称谓）唉……上西南。"烧完之后，这一天的仪式活动就结束了。

送浆水　送浆水的习俗自古就有，意思是穿戴白衣帽的孝子给死去的亲人送食物。浆水就是用米煮的汤，通常盛在一个瓮罐里。

送浆水

现如今，青野村每一片区都有一个指定位置作为送浆水之处。这些地方虽然没有什么具体标志，但村民们都熟谙于心。可见，即使某些信仰的物质载体已经消失，但其曾存在的位置依然被村民视为神圣之地，依然被当作进行重要丧葬仪式的场所。从某种意义上讲，民间信仰的神圣空间是跨越时空、超越载体的。

村西头送浆水

丧葬期间，送浆水的次数古今有所差异。旧俗中，三天丧葬期间，一共要送七次，包括前两天早、中、晚各一次以及第三天的一次。后来村里红白理事会为响应丧事简办的政策号召，改七次为五次，即第一、二天中午和晚上各一次以及第三天一次。

出殡　出殡安排在第三天，一般是从中午开始。第一祭必须由死者女儿来进行，而且要求是大女儿。一般而言，这个祭非常隆重，会请两三个厨师，做好五大件。所谓“五大件”，就是五大碗鸡、鱼、丸子、肘子和猪后腚等菜。菜的名堂很多，有“二龙戏珠”“龙凤呈祥”等。五大件的摆放起码需要五张一米见方的方桌。当然，并非所有人家都要做五大件，有的主家就请厨师做四大件、三大件、两大件。五大件是最高级别的，厨师做好每个菜都会吆喝一声。所有菜摆放在一起时，盘、碗、碟不下二三百件。

到了坟地后，要把带去的纸、马、香、锞这些东西都放坟里面，意思是给

死者备好去往另一个世界要用的物品。这样的习俗传至今日，也简化了不少。据村民介绍，现在就用一个小罐子，比如盛水的瓮或者盛粮食的瓦罐，象征性地摆在坟里面。逝者下葬前要进行熏坟，就是用烟火熏烤坟的周围，一般由女儿或孙女来做。此外，还要撒些打狗饼子，希望野狗不要抢死人的吃食。送殡期间，主家的女性是可以送到坟地的，然而她们不能见死者下葬，也就是说，她们要在死者下葬前离开坟地。

圆坟　下葬后的第三天称为"三日"。这一天，主家儿女、亲戚要带着包子去圆坟。所谓"圆坟"就是主家的孝子绕坟正转三圈，再反转三圈。参加圆坟的人员只能是死者的直系家属。一般而言，此时要带些素馅的包子，分放在五只碗中，每碗只能放四个，这样符合老百姓"神三鬼四"的阴阳理念。

烧"四七"　从死者去世之日开始计算，每七天算"一七"，烧"四七"就是从第四个七天开始烧，这种情况适用于主家只有一个儿子的。如果主家有多个儿子，那么就要烧"五七"。烧"四七"时需要带很多物品，除了各类供品，还要有各类纸扎品，例如纸扎的米山、面山、摇钱树、电视机、小汽车、桌子、椅子等，几乎都是一些日常生活用品，还有纸扎老黄牛，意思是老黄牛勤恳耕作，能为死者多多效劳。值得注意的是，这些纸扎品都是由女儿出钱备办的。

烧"百日"　烧"百日"是必须进行的丧事活动，在死者死后的第一百天进行。祭祀仪式与烧"四七"基本相似，只有烧了"百日"，这场丧事才算正式完结。

据村里老人回忆，他们小时候村里办丧事还有请鼓吹手的人家。鼓吹手大都是从外边请来，主要是在打祭和路祭的时候吹奏。在旧时的丧葬活动中，以上主要习俗的操作是相对完整和严格的。然而，随着时代变迁与社会快速发展，特别是在"婚事新办，丧事简办"政策的影响下，青野村丧葬习俗发生了很大变化，许多古旧的习俗慢慢被简化或舍弃，甚至演变为具有现代气息的其他形式。

第四章 艺术传统与五音戏剧团

青野村周边村落的民间艺术种类繁多，艺术活动频繁。依托丰厚的文化底蕴，章丘区文祖镇大力支持庄户剧团发展，建立、健全了 7 个庄户剧团，即青野村五音戏剧团、文祖东村剧团、老年活动中心剧团、石字口业余文艺剧团等应运而生，极大地丰富了群众的文化生活。每年在元旦、春节以及农闲季节组织各类文体活动可达 30 余次。

青野村中留存的戏台

在这些剧团中，青野村五音戏剧团的演职人员达 20 人以上，有相对固定的排练场地，音响、服装、道具等演出设备齐全。每年进行公演达到 15 场以上，内部管理人员分工明确，管理制度健全，在各级部门组织的各类文艺会演、比赛活动中均取得过优异成绩。2008 年，青野村五音戏被列入山东省非物质文化遗产名录，属济南市非物质文化遗产。

本章主要以青野村五音戏剧团为研究对象，介绍和阐述五音戏的发展演变和青野村五音戏剧团的历史沿革、演出情况、发展问题以及“草根儿”艺术与乡民生活的关联。

一、五音戏与五音戏剧团

五音戏由章丘秧歌和章丘梆子等花鼓秧歌发展而来，传承至今已有 11 代，发展历程约 200 年。五音戏最初的艺术形态是周姑子戏。据青野村村民杨孔志介绍，清朝光绪年间，青野村来了一位叫周姑子的落魄戏子，她懂得戏曲表演，在行乞的过程中与青野村的乞丐相熟。当时以赵国庆为首的丐帮跟随周姑子边学小曲边要饭，效果非常好。双方沟通、合作，青野村的小戏班就出现了，人们开始把用周姑子腔调演唱的秧歌戏称为“周姑子戏”。在这个戏班中，靳成章、靳成华兄弟俩表现突出，既有艺术天分，又独具表演风格，深受群众喜爱。周姑子戏第一代代表人物是谭湘子，相传此人为青野村人。青野村五音戏剧团的第一代五音戏代表人物为靳成花和靳成章兄弟，而靳氏兄弟又属于五音戏发展历程中的第六代。赵明玉为青野村五音戏第二代代表人物，艺名“两盏灯”，跟邓洪山、明洪钧、李德兴等人在五音戏系谱中属同辈。五音戏和青野村五音戏历代代表人物对照如下：

五音戏与青野村五音戏传承谱系对照表

代次	五音戏传承谱系（代表人物）	青野村五音戏传承谱系
第一代	谭湘子	靳成花、靳成章
第二代	无法考证	明洪钧、赵明玉

续表

代次	五音戏传承谱系(代表人物)	青野村五音戏传承谱系
第三代	李长青	白继贵、明先本
第四代	张鸭子	马汝梦、靳其英
第五代	赵国君、赵国庆	赵明珍、白常起
第六代	于继洋、靳成华、靳成章、张国岭	马乃转、赵继莲
第七代	邓洪山、李德兴、明洪钧、明先柱、赵明玉、杨丙伦、冯兰亭	

20世纪20年代,社会经济形势好转,由靳成章、靳成华组织的青野村周姑子戏班和他们的徒弟建立的班社开始进入城市,主要活动在经济条件较好的济南、淄博等地。农民戏曲的进城以及各大戏曲种类的流动演出和交流,使周姑子戏逐渐吸收了京剧、昆腔等剧种的营养,促成了游艺剧场的繁荣发展,慢慢形成了较为完整的板腔和锣鼓伴奏体系。

青野村周姑子戏班进城的经历是艰辛曲折的。艺人们不仅会遭遇官府的蛮横驱禁,还要面对地方恶势力的欺辱和城市职业艺人的无情排挤。由于民间艺人们技艺水平较低,周姑子戏在演出内容和形式上难以让城市观众习惯,所以他们大多会依据城市观众的需求,对表演内容和形式做出及时的调整。可见,最初的五音戏艺术活动具有买卖性质,戏曲舞台上的角色形象与生活大舞台上的"角色形象"之间存在着无形的联系。

在演出场地方面,青野村周姑子戏班经历了先"唱门子"和"撂地摊",再进茶馆、小戏园,最后步入正式戏园演出的曲折过程。20世纪初,一位秀才给艺人们写了一副对联:"乍来一听,酥一阵,麻一阵,难受一阵,速速拔腿就走;听上三天,生也好,旦也好,唱得也好,问问哪里接台?"①这副对联道出了艺人演艺生活的辛酸,艺人以后每到一地演出,会先把对联挂起来。

1920~1937年是周姑子戏向五音戏转化的时期。相比现在的五音戏,在20世纪二三十年代,周姑子戏由五人即可组团表演,一人伴奏,四人演唱,

① 王培信等:《从肘鼓子到茂腔》,载《戏曲研究》第10辑,文化艺术出版社1983年版,第55页。

演员时而忙于锣鼓，时而登台唱段，出现了一人多职的现象，正应和了戏曲界流传的“七忙八不忙，九个闲得慌”的说法。因此，周姑子戏又被称作“五人戏”。1935 年，在京剧艺术大师梅兰芳的介绍和推荐下，时任淄博市五音戏剧团团长的邓洪山带领冯兰亭等人组成的“五人班”，应上海百代公司之邀，去上海灌制唱片，由于邓老师表演出色，被对方授予“五音泰斗”称号，并获赠锦旗。回到山东之后，周姑子戏逐渐改称“五音戏”。

五音戏艺人们为赢得观众喜爱，往往会结合演出的需要，通过观摩等方式偷学别人的戏，不断丰富自我的表演形式和手法，提高表演技艺和艺术水平。五音戏艺人与姊妹艺术艺人切磋学习，在演出中遇到相似情形便信手拈来，活学活用，让戏情戏品更佳，以更好地吸引观众。

20 世纪 20～40 年代，五音戏班主要到庙会和物资交流会等场所演出，并且还参加章丘区会演。会演在正月举办，20 多个戏班汇集在老章丘城区，有吕剧班、二璜班等，青野村五音戏班派出六七人前往。按照规定，每个戏班的演出时间不得超过 20 分钟，因此，戏班只得选些时间较短、故事情节简单的曲目。其时，生产力落后，物质条件匮乏，戏班连戏服都无法配全，只好采取“五股”买衣的方式，由有钱的人家集资购置戏服，一般要五家人才能凑出一身戏服。置办的戏服由演员使用，但所有权归入股的集体。年底时，入股的集体按一年的收益分红。有些大地主家能单独承担戏服费用，年底时还会根据演员一年的表现评赏。即便如此，剧团演员一年到头几乎没有任何收益。

“文化大革命”期间，青野村五音戏被定性为“才子佳人”戏，当作“四旧”被大力打压，戏班的戏服等财产也被烧毁殆尽，戏班解散，第三代和第四代艺人自谋出路。马汝梦作为青野村五音戏第四代代表人物，一直生活在青野村，他认为现在几乎没人愿意观看五音戏演出——一方面是因为五音戏被视为“土包子”，跟其他艺术种类相比已不再新鲜；另一方面是因为电视和网络在村中逐渐普及，占据了人们大部分注意力。同时，唱戏对演员来说只是副业，甚至是玩乐的行当，根本无法靠它来维持正常生活。所以，一些演员就转行进入其他行业。

1982 年，青野村五音戏剧团成立，白继贵任团长，剧团成员为青野村五音戏剧团的第五代和第六代演员，包括白继贵、赵明珍、白常起、马乃转、赵继莲、

张霞等人。这一阶段,青野村五音戏剧团的发展举步维艰,时刻面临解散的危机。青野村村民杨孔志认为,五音戏是青野人的骄傲,是青野村珍贵的文化遗产。出于强烈的文化责任感和危机感,他向村支部主动请缨,请求带领剧团外出演出以谋求生路。在杨孔志的带领下,青野村五音戏剧团先后多次参加物资交流会,在约定的大院售票演出,票价为 5 角钱一张,每场观众都大约有 1000 人,一天唱两场戏能收入 1000 多元。剧团将演出所得全部用来购置更新音响和服装,使得青野村五音戏剧团勉强得以延续。

1987 年,青野村五音戏受到章丘市文化馆的重视,时任文化馆馆长的郑长生在进行实地考察和研讨后,决定从淄博市五音剧院聘请邓洪山、李秀銮、邓吉利、蔡旺、刘贵英、胡志武、杨淑云等名家来指导教学。于是,青野村五音戏重新焕发生机。目前活跃在青野村五音戏剧团的这一批演员正是由邓洪山等著名艺术家培养出来的。当时,剧团招收人员多达 40 人,年龄都在 12～17 岁,但坚持表演到现在的仅剩 10 余人。

据青野村五音戏剧团演员赵继莲回忆,她进入剧团学习时才 12 岁。剧团学员一般要当学徒三年方能登台演出,且登台时只饰配角,给师父跑龙套。她是 1985 年登台演唱的,那时她16 岁。在此之前,她经常跟父母去看五音戏,非常着迷。她的祖父是赵明玉,即青野村五音戏第二代传人;母亲张其英则擅长唱吕剧。赵继莲深受家庭的熏陶,边听边唱,从小就打下了一定基础。村里花钱请老师来教戏,给学员计入工分,在经济落后的年代,赵继莲认为这是个好出路。出于自己对五音戏的浓厚兴趣,加上家人支持,她决定入团拜师学艺。与她一同拜师的有 40 多人,拜师当日,屋内桌上摆满糖果、花生和茶水等食物,黑板上书写着“拜师仪式”四个大字,所有学徒搬着凳子到教室,听师父训话,然后集体跪拜。

虽然拜师仪式较为简洁,而且只是礼仪上的拜师,但这一批演员算是科班出身,主要成员有马乃转、张霞、马汝芬、马汝花、马汝梅、马乃星、于秀萍等。邓洪山在 1984 年入冬时来青野村教戏,至年底春节时返回。赵继莲说,“红樱桃”邓吉利等人是第二年春天来教戏的,他才是真正教戏的老师,大多数人都得其真传,而对“鲜樱桃”邓洪山只是礼仪上的拜师。邓吉利等人在青野村教戏整整一年,在此期间,剧团学徒早晨五六点钟起床练功,压腿、练嗓子,吃过饭就排戏,一直要忙碌到晚上 10 点多钟。名师授艺加上学徒苦练，为现在的青野村五音戏剧团打造了坚实的班底。此后两三年内，剧团时常跟随前来教学的老师们到淄博博山、济南千佛山等地的庙会、物资交流会演出，前前后后共演出100多场。

邓洪山是五音戏发展历史中举足轻重的人物，在他位于淄博市三台山公墓的墓碑上，刻着下面一段话：

> 这块净土下面憩睡着：山东历城坝子村五音泰斗邓洪山（艺名“鲜樱桃”）。他一生坎坷、历尽沧桑、居功不傲、名重人谦、勤俭淳朴、平易近人。他毕生致力于五音戏艺术事业，为追求艺术真谛，与梅兰芳、程砚秋、尚小云、荀慧生等艺术大师频频切磋技艺、互为借鉴、博采众长，形成了独具特色的五音戏表演艺术，在毕生的舞台耕耘中，为五音戏的奠基继承屡建殊勋，为弘扬民族艺术做出了卓越贡献。
>
> 他的光辉业绩将在中国戏曲史上永放光彩、彪炳千古，曾得到周恩来、朱德、邓小平等党和国家领导人的高度评价，被毛泽东主席誉为“山东梅兰芳”。他不愧为五音戏一代宗师，乃至全国德高望重的著名表演艺术家，我们将永远怀念您。安息吧！
>
> 崇敬您的人
>
> 题书于一九九七年农历十月二十七日

邓洪山墓碑（正面）

邓洪山墓碑(背面)

1988 年，马乃转成为剧团第二任团长，剧团发展成较为稳定的戏班，主要演职人员有马乃转(小生)、张霞(青衣、闺门旦)、赵继莲(青衣、闺门旦)、马汝芬(青衣、闺门旦)、马乃美(青衣、闺门旦)、于霞(闺门旦)、马春花(小生)、马玉玲(小生)、马汝花(小丑)、于秀萍(老生)、马乃景(青衣)等人。青野村五音戏剧团越来越壮大，第四代演员逐渐红火起来，全国独树一帜的五音戏奇葩，在新世纪的百花园中光彩绽放。

现在的青野村五音戏剧团第四代演员非同一般，清一色的女性，正处青春年华，个个扮相俊美、技艺高超，唱、念、做、打样样精通，曾多次受到章丘市文化局嘉奖，主要演员都是山东省戏曲家协会会员。剧团的服装、道具、幕景及音响、灯光设备也焕然一新。近年来，青野村五音戏剧团走遍了济南历城、章丘及淄博周村、博山等地，为五音戏的发展写下了光彩的一篇章。

二、五音戏的剧目与艺术特色

(一)内容与题材

每个剧种在生成、传承和发展的过程中，都会受地域文化和剧种本身的

影响，会产生能够代表剧种艺术特色的经典剧目。青野村五音戏土生土长于鲁中大地，在200年漫长的发展历程中，不断创造继承了一批优秀的剧目。早期五音戏以剧情简单的剧目为主，随着观众需求的多样化，五音戏题材种类不断增加，诸如历史剧、神话剧、现代戏题材均有囊涉。剧目的内容也随之更加丰富多彩，从最初只是反映农民的生产生活、理想情感等方面，发展到关注和表现农民的家庭伦理、民俗风情、地域文化等。这些剧目大多来取材于普通民众的生活，反映他们的生活与情感以剧情简单、风趣易懂的单本戏为主。

五音戏旦角表演

在剧目角色的设置上，青野村五音戏一般包括旦、生、净、丑四种角色，其中，旦角行当占第一位。旦角是剧中的女性角色，有青衣、花旦、小旦、老旦、彩旦、刀马旦等。与生、净、丑等角色相比，旦角在五音戏中的戏份最重。

此外，青野村五音戏继承了农村各种传统表演艺术的表现手段，诸如在唱腔方面沿用了各种各样的村歌土调，在表演方面吸收了秧歌、旱船、竹马灯等各类民间舞蹈的身法步态，在语言方面大量使用农村的乡言土语等，使得这些作品与观众的关系分外亲密，毫无隔阂。

（二）剧目分类与传承

五音戏传统剧目主要包括四类，即单本戏，连台本戏，从连台本戏中摘出的单折戏和移植的东路梆子剧目。[①] 单本戏代表作有《王小赶脚》《拐磨子》《王二姐思夫》《赵美容观灯》《彩楼记》等传统剧目，连台本戏代表剧目有《金鞭记》《白玉楼》《小八义》《鹦哥记》《金镯玉环记》《风尘女侠》等。相比于单本戏，连台本戏剧目表演场面更为宏大，一般为多幕戏，演出需二三十人参与，所以五音戏中此类剧目在民间剧团的演出率较低。为此，青野村五音戏剧团往往摘取连台本戏中的部分场幕进行演出，这样的单折戏代表剧目有《磻虎山》《白云庵》《花园认母》《李怀玉借粮》《磨坊受苦》等。

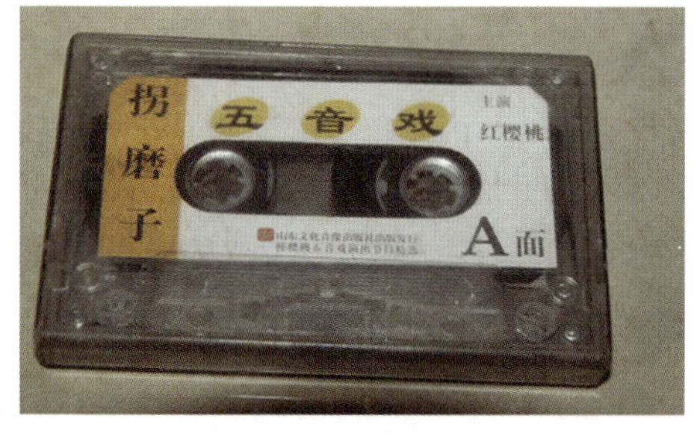

马印祥收藏的五音戏磁带

上述许多五音戏剧目创作于五音戏进城时期，艺人们根据市民的需要不断创作和修改剧目。在民间戏曲和城市戏曲的交流中，有一批城市戏曲作品被民间艺人模仿、学习，并在农村广泛传演。因此，在农村演出颇多的三国戏、杨家将戏等“大戏”的来路并非农村“土产”，其剧情内容与农村生活也毫无联系。这类作品落户农村后，农民往往会把自己的是非观念、爱憎情感和对剧中人物情节的理解等都灌注到作品中去，因此，它们在形式面貌上都会被不同程度地“农民化”。

五音戏的许多剧目在传承过程中没有保留下来，甚至一些传唱至今的传统剧目也没有文本流传，这主要缘于五音戏的教学传授所采取的“口传心

① 五音戏经典剧目的传承状况参见附录部分。

授”的形式。五音戏剧目的内容和反映的主题，随着时代的变迁而不断变化。

(三)表演方式与艺术特色

五音戏的唱词通俗精练、生动贴切，常能深入人心。它多以章丘方言为基础，语言朴实幽默，唱词中多含俚语、歇后语、谚语等民间俗语，因取自生活场景，故朴实易懂，简单易记，对白具有极强的叙事性和表现力。

作为群众的娱乐工具，五音戏具备强烈的娱乐性；而作为许多创作者和观众的情感宣泄，五音戏又体现出浓厚的生活情趣和人情味。五音戏表演擅长人物情感的抒发、生活情趣的渲染和农民生活理想的表达。尤其是生动活泼、情趣盎然的小喜剧，把农民日常生活中的乐观、开朗的生活情趣表达得淋漓尽致。以《王小赶脚》为例，该剧描写农妇二姑娘雇驴回娘家，与赶驴的脚夫王小一路上说笑逗闹的经过，喜剧风格极为浓郁。下面是二人在“讨价还价”时的一段言语往来，从中可以体味这一小喜剧中的那种嬉戏情趣：

青野村五音戏剧团在济南千佛山演出

五音戏《王小赶脚》剧照

二姑娘　王小啊！(唱)二姑娘添钱五个板。

王小　(唱)不够王小抽袋烟。

二姑娘　(唱)二姑娘添钱二十个。

王小　(唱)不够王小一顿饭钱。

二姑娘　(唱)二姑娘添钱三十个。

王小　(唱)有了草钱没料钱。

二姑娘　(唱)二姑娘添钱四十个。

王小　(唱)不够王小鞋袜钱。

二姑娘　(唱)二姑娘添钱六十个。

王小　(唱)再添再添还得添。

二姑娘　(唱)你要去呀送俺一趟。

王小　俺要不去呢？

二姑娘　(唱)不去俺也不再把钱添！

王小　唉！二姑娘说话真好听啊！不在那碗白菜汤，光品品这个个滋味吧。二姑娘，再添上两个吧！

二姑娘　一个也不添啦。

王小　当真不添了吗？

二姑娘 当真不添了。

王小 果然不添了？

二姑娘 果然不添了。

王小 你这一辈子也不添了？（暗指生小孩儿）

二姑娘 你说的什么？

王小 钱啊！我说是你要不添钱，我就不去。

二姑娘 赶脚的不光你一个人，你当离了你这块土还不打墙啦！

王小 没有红枣照样蒸糕，没有你俺照样赶脚。

二姑娘 （向内喊）哟！赶脚的哎，六十个钱谁上张家湾？

王小 别着急，二姑娘，我去，我去……[①]

以上这段王小和二姑娘的表演情景中，人物的语言是极具地方韵味的章丘方言，对话的内容体现着民众生活的经验，比如钱与实物价值的对应估量，作为讨价还价的筹码标杆等，这些细节令作品富于极强的表现力。其实，在农民的日常生活中，讨价还价的场面甚为常见，对农民而言，这不过是些日常琐碎而已，但民间艺人却能把它提炼出来并表现得入情入味，意趣盎然。“不在那碗白菜汤，光品品这滋味吧”，一语道出了这类作品的着力点。

农民是热爱和欣赏他们那普普通通的劳动生活的。源于身边生活的戏情让观众百看不厌。艺术需要借助艺术化的表达方式，但生活本身也是可以艺术化的，比如上述表演情景中对“添”字双重含义的巧妙设置，不仅表现出人物语言的诙谐和对话的谐趣，而且蕴含着人们对村落生活知识的理解和运用。

三、剧团演出状况

目前，青野村五音戏剧团每年演出七八十场，主要在春节、劳动节、重阳节、国庆节及农历二月二、三月三等节假日期间演出，其他时段的演出则是

① 山东省文化局主编：《中国地方戏曲集成·山东省卷》，中国戏剧出版社1960年版，第503页。

商业邀请、寿宴邀请等商业性演出，演出的场合多为村落、城镇广场和庙会等公共场所。目前，青野村五音戏剧团主要演出方式有三类，即政府主导型文化演出、庙会演出和春节扮玩演出。

（一）政府主导型五音戏文化演出

2012年，章丘市举办文化共享暨“健民药店杯”庄户剧团百场展演活动，此活动由当时中共章丘市委宣传部、章丘市文化广电新闻出版局和章丘市住建委主办，章丘市老年体协承办，章丘市健民医药有限公司协办，展演活动的目的是扶持民间庄户剧团的发展，搞好文化建设工作。

按照政策要求，章丘市共选拔了10个业余剧团，总共演出100场戏，平均每个剧团演出10场戏，演出场次可以自己申请，也可以由镇文化馆统一安排分配，文化馆登记在案以便给以资金扶持。跟其他演出不同，这次演出活动经费由章丘市拨发，总共20万元。每个业余剧团一场戏的演出费用是2000元，演出10场共20000元。青野村五音戏剧团作为章丘市著名的庄户剧团之一，参加了此次展演活动。

青野村五音戏剧团的演出时间是在2012年8月12日下午，演出地点为章丘市明水街道办事处王白村村民委员会楼前的宽阔街道。演出自晚7:30开始，9:30结束，前后历时2个小时。演出当天下着阵雨，舞台尚未搭好台下已陆续来了不少观众。观众以中老年人为主，还有一群小学生，众人坐在戏台前的小凳子上，台下放着一排排的雨伞。虽然天空断断续续地下着雨，但演员一直坚持把戏演完，观众也看得很投入，很开心。

当天的演出剧目为《彩楼记》，属于五音戏经典剧目。团长马乃转在管理调试音响时兼打小锣，忙碌的场面大有当年“五人班”之风。常有演员在文武场之间自由转换，对此，剧团演员于秀萍说：“除了两个人的戏没有我，其他的都有。俺这10个唱戏的有时候还上武场，就是俺这个角色闲下来就和你换换再顶上去。”[①]

① 讲述人：于秀萍；访问人：周明霞；访谈时间：2012年8月12日下午；访谈地点：明水镇王白村村委办公室。

看戏的群众

“五人班”之风的留存，一方面是由于演员对五音戏的文场、武场都很熟悉，有胜任不同角色的能力；另一方面是因为剧团演职人员不足，特别是武场的伴奏人员，一旦有演员无法参加演出，剧团其他成员不得不临时顶替上去。

青野村五音戏剧团的业余性，体现为它属于非正式组织，在老百姓看来，五音戏就是一项娱乐活动。平日里，剧团成员忙于固定的本职工作，当有演出机会时，马乃转团长才召集演职人员。由于一年到头的演出机会并不多，所以剧团成员都很珍惜，招之即到，对团长给予全力支持。正如演员于秀萍所说：“剧本不是一个人就能唱的，也不是两个人就能玩的，说唱就得集体唱，不支持不行啊！”①

① 讲述人：于秀萍；访问人：周明霞；访谈时间：2012 年 8 月 12 日下午；访谈地点：明水镇王白村村委办公室。

马乃转团长在调试音响设备

青野村五音戏剧团演职人员齐心合力，热情投入，在省市组织的文化下乡活动及各类文艺活动比赛中屡获佳绩。在政府主导型的文化演出中，青野村五音戏剧团作为拥有省级非物质文化遗产身份的优秀传统民间艺术代表，其文化角色不断被强调。而这些演员对来之不易的演出机会也极为珍视，因为他们发现只有包装和宣传自己，不断增强和扩大个人实力和影响力，才有可能成为政府所看重的文化资源，进而在政策、资金等方面获得更多的扶持与帮助，从而使五音戏剧团获得更大的生存空间。

（二）庙会演出

庙会演出属于节令庆典演出的一种，常以“祭祀鬼神”的名义在寺庙演出。在一些规模较大的庙会，祭祀典礼极为隆重，民众可以游乐玩耍、进香祈福，也可进行贸易等活动，最吸引人的要数在庙会上唱戏的戏班了。庙会戏是戏班为谋生存、求发展而进行的演出，也为庙会制造了热闹氛围，丰富了庙会的活动内容。在某些大型庙会中，经常会有多个戏班“唱对台戏”的热闹场景。济南、淄博两地的庙会较多，是五音戏剧团演出的主要活动地域，特别是济南的千佛山庙会（一年中有三月三和九月九两次）更是吸引很

多外乡外地的民间剧团前来演出，青野村五音戏剧团作为当地的地方戏剧团更是多次参演。

剧团行头箱

行头一角

2005 年济南三月三千佛山庙会期间，受济南市文化馆和千佛山办事处的邀请，青野村五音戏剧团在千佛山北门西侧的戏台演出。剧团演员在 7 天中演出了一系列五音戏经典剧目，如《王小赶脚》《拐磨子》《彩楼记》《王二姐思夫》等，广受观众好评。对于当时的庙会演出情形，青野村村民张其英回忆道：

一同去的有好几个人：纺线的是杨振亭媳妇，织布的是马文晨媳妇和谢传玉媳妇，还有一个编笸的；有个印花布的是大寨村的人，叫赵利福。五音戏的表演是从上午10点多开始的，一直演到下午三四点钟。当时马乃转和张霞小有名气啊，她俩唱得很好！①

在庙会上，五音戏剧团在每场演出之前，会由杨孔志给观众简单地介绍一下剧目戏情，帮助观众理解和欣赏。五音戏表演的戏台前围满了观众，演出结束后，有些观众会走上舞台，称赞演员精湛的表演技艺，向演员们表达对五音戏的喜爱之情。正如青野村五音戏剧团演员赵继莲在回忆2005年济南千佛山庙会演出情景时所说：

俺上济南千佛山（庙会上演出），观众热情啊，他们说："那时候'鲜樱桃'来唱的时候看过，现在多少年了，三四十年没见了，你们来了，终于看到五音戏了。其他剧俺成天看，就是五音戏听不着啊。"我说的都是观众的心声。（五音戏）都是原汁原味、老腔老调，观众都说"你看我哭得那个泪啊"，感动得都不走啊。我们看到观众这样心里更感动。②

2013年4月12～21日，济南市千佛山再次举办三月三民俗文化庙会。我们有幸跟随青野村五音戏剧团一同来到济南，记录他们的演出经过。4月12日早晨5:30，青野村五音戏剧团全体人员于章丘市双山集合，然后乘车前往济南千佛山。两辆货车是花钱雇来的，租期为10天。当天下午演出结束后，货车再将演员和重要道具送回。剧团成员20人外加乐队7人，共27人，在早上7:00左右抵达济南千佛山小戏台广场，开始搭舞台、设幕布。乐队人员最多时有10人，除杨孔志（拉二胡）和杨和志（掌鼓板）兄弟二人是青野村人外，其他人都住在韩家柳子、王家柳子、毕家柳子等地，每有演出，几位空闲者凑在一起，就组成了临时乐队班子。

---

① 讲述人：张其英；访问人：孔军；访谈时间：2013年3月5日；访谈地点：青野村村民曹振之家中。

② 讲述人：张霞、赵继莲；访问人：高向华；访谈时间：2013年1月8日；访谈地点：青野村村委办公室。

济南千佛山庙会上观看五音戏演出的观众

剧团每天的表演时间为上午 9:00～11:00，下午 1:00～3:30。看戏的大多是六七十岁的老年人，部分的年轻人出于好奇也会驻足观看，但不多时便拔腿走人。正式演出开始前的必要程序是报幕，报幕员的说辞如下：

观众朋友们：

你们好！今天，由章丘市文祖镇青野村五音戏剧团到我们这里演出，我代表剧团全体演职人员，祝大家身体健康、阖家欢乐、万事如意！今天的演出剧目是《老少换妻》和《王小赶脚》，演出时间是上午9点和下午1:30，希望观众朋友们这个时间来，谢谢大家！

济南千佛山庙会演出盛况

五音戏演员在后台化妆

4月12日下午1:30,已到预定的演出时间,但《王小赶脚》却迟迟无法开演,因为麦克风出了问题。就在推迟的5分钟内,观众三次鼓掌迎场,剧团乐队敲起急促的锣鼓回应。台下与台上的热烈互动,表现出观众对五音戏的深爱和对五音戏演员的鼓励,现场氛围令人感动。当演员登场,观众再次热烈鼓掌,满含兴奋。现场来自济阳市的74岁的高大爷说:

> 已经很多年没听到过章丘的五音戏了,五音戏的老周姑子腔儿唱起来真是好听!为了看《王小赶脚》我都在这儿等了一个中午了![①]

与开场白相对应的是结束语。每场演出结束后,报幕员会提前预告下一场的演出剧目,并播放《难忘今宵》作为结尾曲,为表演现场营造一种依依不舍的氛围。

这次千佛山庙会演出剧目有《王小赶脚》《拐磨子》《彩楼记》《亲家婆顶嘴》《小烧窑》《吴家花园》《老少换妻》《绒花记》《丁僧扫雪》《裴秀英告状》《白玉楼》《桑园》《墙头记》《赵美蓉抗婚》《赵美蓉观灯》《大裁衣》《闹学》《双凤浩》

① 讲述人:高大爷,74岁,济阳市人;访问人:孔军;访谈时间:2013年4月12日;访谈地点:济南千佛山社会戏台南侧。

《双生赶船》《金镯玉环记》等剧目。一般表演剧目都是由五音戏剧团团长跟千佛山管委会商定，并充分考虑赶会观众的喜好。

青野村五音戏剧团文场

《绒花记》剧照

《亲家婆顶嘴》剧照

剧团演出一场的收益为3000元，主要用于给演员发工资（每人每天100元），还须扣除租车费、伙食费等，剩余资金为剧团购置服装。问起每天给演员的工资少时，杨孔志回答说："（工资多少）无所谓啊，咱又不挣利，咱就热（喜欢）玩儿！给多少是多少。"[①]一方面，演员们出于热爱，不太看重自己能挣多少钱；另一方面，他们对演出能够挣钱维持剧团的正常运转已很欣慰。

庙会上看戏的群众

① 讲述人：杨孔志；访问人：孔军；访谈时间：2012年4月12日；访谈地点：济南千佛山庙会戏台。

(三)春节扮玩演出

扮玩是村落中自娱自乐的文艺活动。扮玩队伍多以自然村为单位,表演队伍的规模及表演技艺,成为村子经济实力和庄风村貌的一个良好展现。纯业余性的农民演剧活动呈现出向全民性发展的趋势,重大活动的演出剧目几乎要全村人集体参与,有时还在邻村之间开展大规模的“演出互访”活动。

农村的节令演出本来就汇聚了多种多样的文化色彩,而不是一种“纯艺术”。例如,2013 年正月期间,黑峪村来青野村进行拜年演出,文艺队一行十几人,在青野村卫生室前的老戏台演出。表演内容除传统的吕剧外,还带来流行歌曲表演,像在当时非常流行的《最炫民族风》也被搬上了舞台,村民对此次拜年演出评价非常高。村际之间的文化艺术活动正是民间艺术生存发展的肥沃土壤。

在青野村的扮玩传统中,五音戏一直是受人欢迎的重头戏,人们对五音戏的热爱程度几近“痴迷”,《王二姐思夫》等传统五音戏剧目是扮玩活动中的保留剧目。笔者曾采访一位年近 70 岁的老人,问他为何如此喜欢听《王二姐思夫》时,老人的回答如下:

> 《王二姐思夫》唱得挺热闹,它的词好,唱的故事老人和年轻人都愿意听,就跟梁山伯和祝英台似的。李秀鸾唱的王二姐,她丈夫到京城考状元去了,三年没回来。王二姐在家想丈夫想得倒颠了,想迷了(神魂颠倒),得了相思病!她就唱道:“正月里想二月里盼,三月的孤单四月里难,五月里请个先生算,他倒说六月不来整半年,七月八月不见面,九月十月郎不还,十一月里没盼到,盼到腊月整三年,哎哟哟,还正好赶上了闰月年,三百六十天,想丈夫想得倒颠,请来老先生算,老先生给开了个药方。药方是咋开的呢:东海洞的灵芝草,西海洗的老龙鳞,熬夜不用井泉水,蚂蚁杀血要半盆,这些都是根本没有的东西。哎哟哟,俺不是皇帝,女人大了想女婿,一句话说到俺心眼里。”接着骂了一声老爹

爹:“糊涂的爹糊涂的娘啊……”[①]

正如灵芝草、老龙鳞等物品是现实中没有的东西,五音戏等乡民艺术也是村民日常生活中无法经常见到的表演,唯有在春节期间的扮玩活动中方能看个过瘾,《王二姐思夫》中浪漫与奇幻的情节,给民众生活增添了不少兴味。这位年近70岁的老大爷对五音戏经典剧目的唱词能如此熟悉,对五音戏的曲调张口就来,表明人们对五音戏的喜爱之情。同时,在与他人交流对话中,村民对五音戏的熟稔地借用,恰恰是五音戏对村民日常生活艺术化影响的表现。

扮玩的性质和目的决定着这一民间文艺活动的意义,在乡土社会中,观众看戏注重的是扮玩表演的娱乐性。娱乐性是民间文艺活动的根本属性,观众能从不同层面感受扮玩活动的快乐。有的人看戏是为“赏一会儿妙舞清歌,瞅一会儿皓齿明眸”[②],着眼点在演员的技艺和姿色;有的人认为“百物之中,莫灵贵于人,然莫愁苦于人……此圣人所以作乐以宣其抑郁,乐工伶人之亦可爱也”[③]。还有人把戏剧当作人生某种理想的模型,“虽然自己做不出什么了不起的事来,但是在戏里却可以看到别人做”,从而获得想象中的满足,所以认定“在各种消遣之中,看戏无疑要算是最有趣的了”。[④]

五音戏正是这样一种宣泄情感的工具,人们借助别人的作品来感动自己,从而“唤出”并倾发自己的情感。他们虽然不像作品的创作者那样居于主动地位,但出现在他们面前的作品仍然起到了一种使内心情感对象化的作用。扮玩是民众消遣娱乐的重要形式,而在春节期间举办扮玩活动则是出于现实的考量。由于农民在外打工的时间较长,年节变成了宝贵的闲暇期,在这样的一个时间段,人们渴望拥有一个平台,参与其中,寻得生活的乐趣。扮玩是青野村重要的春节习俗之一,承载着深厚的文化内涵,是人们对年节氛围的延续和深入。

五音戏是青野村的传统村落文化,也是村落性格的展现,人们将传统内化于自我生命的进程。五音戏的展演是民间文化展演的平台,其文化意蕴

① 讲述人:马乃家;访问人:孔军;访谈时间:2013年3月5日;访谈地点:青野村青野集。

② (元)高安道:《嗓谈行院》,载隋树森编:《全元散曲》,中华书局1964年版,第1110页。

③ (元)胡祗遹:《赠宋氏序》,载《紫山大全集》卷八,文渊阁四库全书本。

④ [德]奥·威·史雷格尔:《戏剧性与其他》,因生译,载《古典文艺理论译丛》第11册,知识产权出版社2010年版,第230页。

源自艺术表演、乡音土语、地道剧本等多种文化因素的耦合融化，在不断地更新、解构过程中，其核心节俗保持长期的稳定性和效用的持续性，这无疑与其作为一种民俗文化的标志性结晶是分不开的。因此，扮玩中的五音戏促进了民众生活秩序的调节及自我生命秩序的调试，极大地满足了民众的整体性文化诉求。

四、剧团发展困境

目前，制约青野村五音戏剧团发展的因素大致包括以下四方面：

（一）剧团发展后继无人

戏谚“三年一状元，十年一戏子”道出了艺人学戏练艺的艰辛。在传统社会，师傅对徒弟的训练极为苛刻，因而有“当出去的孩子，打出来的戏子”之说。民间艺人们的生活很不稳定，在竞争激烈的娱乐市场中，观众对戏曲的需求多样多变，一旦艺人的技艺落伍，就会被排斥冷落，落入悲惨的生活境况。

民间小戏演唱者多被称为“戏子”。在宗族观念浓厚的古代，戏子常被视为贱民，有“戏子不上宗谱”之说，违反者会遭受开除族籍等严厉惩罚。及至 20 世纪 20 年代，随着社会风气的开化，戏曲艺人从事戏曲行当时，多隐姓埋名，仅以艺名相称，以免落下玷污祖宗的罪名。所以，唱戏虽然被当作谋生的手段，但在重重困难的制约下，不仅难成气候，而且多数都沉寂没落了。

自改革开放以来，受新媒体等多种外力的冲击，五音戏陷入没落的境地，这一将要被埋没的民间小戏很少再受到关注，逐渐淡出人们的视野。

制约五音戏生存发展的瓶颈在于缺乏学习五音戏的传承人。一方面，学习五音戏需要一定的表演功底，学习者要经过较长时间的训练才能掌握。另一方面，现在的年轻人崇尚流行和时尚，对传统的民间艺术缺乏足够兴趣。另外，由于五音戏的学成周期长，演出机会少，收益慢且无保障，导致愿意并能够安心学习五音戏的年轻人少之又少。

由于不能吸收年轻人，造成了现有五音戏艺人年龄偏大的局面。目前剧团中最年轻的演员都已超过 40 岁，有两人已过 50 岁，未来 10 年时间是他

们收徒授艺的最佳时光，一旦错过将很难弥补，这一点令全剧团人员都非常担忧。

2012年，青野村五音戏剧团深感后继无人的压力，试图招收年轻学徒，在村中多处张贴招生启事。启事由杨孔志执笔，其文如下：

> 我村是五音戏的发源地，为使这一古老的地方戏承上启下，发扬光大，后继有人，拟招收学员开班授徒，男女均可，人数不限，年龄均限30岁以下，有意者请于2013年1月5日前来报名。
>
> 特此广告！
>
> 联系人：马乃转、杨孔志

此招生启事的落款时间为2012年12月26日，但是，截至2013年1月，剧团招生情况不容乐观。五音戏演员张霞对这一现状感到惋惜和无奈：

> （之前）有报名的，来了先问“毕业了以后能挣钱吗”。村民确实喜欢（五音戏），也喜欢唱，但是唱了能保证以后有（工作）单位吗？要想有（工作）保证必须得成立正规剧团。你说像我们这业余的艺人，高中毕业才十七八岁就学了戏，那会就不知道以后怎么办。业余剧团的传承比较难。比如你毕业了，也喜欢五音戏，有时候一年唱100场，有时候一年唱10场，工作不稳定。要是成立了正规剧团，不说工资多少，总之先有一个正规单位。我们这些人从十七八岁就开始期盼，现在都40岁了，也没见着。我们有时候也在说，唉，（五音戏）没了就没了吧。①

青野村五音戏剧团试图通过开班授徒以自谋出路，然而前来报名者不仅人数少，而且多数关注的问题是学戏后的前途。显然，他们将学唱五音戏视作安身立命的机会。然而青野村五音戏剧团是一个缺少编制的业余剧团，根本无法提供任何保障来满足学员的期待和要求。面对这样的困境，就连五音戏艺人对让自己的孩子学唱五音戏一般都持否定态度。例如，剧团演员赵继莲也不支持孩子学五音戏，认为会耽误孩子：

> 现在家长都太重视孩子的学习了。咱们这是业余剧团，谁愿意在

① 讲述人：张霞、赵继莲；访问人：高向华；访谈时间：2013年1月8日；访谈地点：青野村村委办公室。

这儿学啊？真是耽误孩子！①

在五音戏艺人看来，现在上学成为年轻人的主业，将大部分时间耗费于此，根本没有必要。若没有长期系统的训练，又很难成为一名合格的演员，因此，五音戏艺人也处于一种两难境地。为了五音戏的生存和发展，艺人们尽管心存抱怨，又不得不做着无奈的坚持。如此一来，青野村五音戏的传承链将发生断裂，五音戏传承的谱系将难以延续！

（二）剧团发展经费短缺

青野村五音戏剧团基本没有固定的活动经费，日常购置服装、道具、音响设备、后勤物资、化妆品等基本都是靠外出演出的出场费和村里微薄的经费支持。每次演出，出场费用较低，平均在300元左右，最少的一场才100元，除去演出、吃饭，所剩无几，服装、道具几乎得不到更新。

自五音戏被评为“山东省非物质文化遗产”以来，政府给予五音戏极大的关注，在文化政策和资金方面多有扶持。然而，政府给予的资金补助难以解决青野村五音戏目前的发展困境，除去花在五音戏剧团本身的支出外，演员们根本无法依靠剩余费用满足生计的需求。青野村五音戏剧团的资金大部分是外出演出所得，还有一部分为政府扶持，仅用于置办更新音响和服装的花费就很高，因此，五音戏剧团基本处于勉强维持运转的状态。青野村五音戏剧团演员张霞对此问题也有自己的看法：

> 现在上级对我们折扶持有限，我们自己的力量也太薄弱了。我们是业余的剧团，自负盈亏。我们教学员，得有一定的资金投入。缺少扶持，没有钱，只靠我们这些人的力量是不够的。我们自己都有家庭，总不能让我们自己拿钱出来，这个不现实。其实来了解状况的人也不少，真的希望他们能帮上忙。他们只要稍微扶持扶持，我们这五音戏就能够继续发展下去。我们这里是五音戏的发源地，现在（剧团维持）真的

① 讲述人：张霞、赵继莲；访问人：高向华；访谈时间：2013年1月8日；访谈地点：青野村村委办公室。

是有心无力了，希望外界能帮上忙。[1]

的确，青野村五音戏剧团的发展需要足够的资金支撑，艺人们明白如果剧团无法正常运转，那青野村五音戏也就没有了生存的载体。剧团的可支配资金不足导致了演出队伍的缺失，使得五音戏无法进行正常的演出，难以获得经济效益。

总之，演出机会少、政府投入资金和支持力度不足等诸多因素，直接导致青野村五音戏剧团的发展举步维艰。对此，作为业余演员的五音戏艺人们心有余而力不足，担心五音戏在自己这一代人的手里消亡。

（三）文化生态竞争激烈

五音戏从最初的“攀凳子”“撂地摊”，到五人班在茶馆、剧院演出，庙会、物资交流会会演等，其所处的时代文化背景不断转变，所赖以生存的文化生态也几番轮转。当下，政府倡导文化大繁荣，在这样的文化导向下，我国在 21 世纪初开展了非物质文化遗产保护工程，五音戏被评为“山东省非物质文化遗产代表项目”。但是，作为该项目的代表，淄博市五音戏剧院、青野村五音戏剧团等剧团却一直被忽视，它们的生存发展面临重重问题和各种严峻考验。

一方面，随着电视机、网络的普及，农村民众能接触和欣赏的艺术活动也异常丰富。艺术活动种类的繁多，意味着人们选择的余地更广泛、更自由。因此，人们对娱乐活动的选择趋于多元化，这导致五音戏的受众市场进一步萎缩变小。

另一方面，演出机会太少是制约青野村五音戏剧团发展的重要原因。现如今，堂会演出的形式已销声匿迹，寿诞演出的机会也屈指可数，庙会演出和政府组织的文化下乡演出每年仅有二三十场，剧团基本收支相抵，勉强维持运转。此外，春节期间扮玩活动中的五音戏拜年演出倾向于村际礼俗的互动，这与企业等其他组织的商业性邀演截然不同。演出市场和观众欣赏品味的变化等，使五音戏发展处于相对宽松却不平衡的文化生态之中。

---

① 讲述人：张霞、赵继莲；访问人：高向华；访谈时间：2013 年 1 月 8 日；访谈地点：青野村村委办公室。

村民将五音戏的传唱视为村落的传统，与现在相比，人们以前的文化生活相对贫乏单调，渴望五音戏之类的文娱活动给生活增添滋味，这也是人们最初喜欢五音戏的重要原因之一。然而，随着电视机、电脑等现代传媒在村落普及程度的提高，人们对五音戏的热情逐渐减退。正如李玉范所讲，“现在年轻人都不大喜爱五音戏，40 岁左右的人还好些”①。旁人看来如此，五音戏艺人的自我定位也开始转变：

现在人家没有看唱五音戏的了，其他艺术越来越发达，咱这些就是“土包子”，再说当老师的人也很少了，所以我就转行干建筑了。②

作为青野村五音戏的第四代代表人物，马汝梦意识到其他传媒手段对传统戏剧带来极大冲击，由此造成五音戏观众的锐减；同时，担任传授五音戏的老师本就屈指可数，常常也是空有热情，却招不来学生。所以，老一辈五音戏艺人们只得放弃唱戏而转行谋生。但是，五音戏剧团的艺人们仍苦苦坚持，并为五音戏的传承发展做出巨大牺牲：

青野村五音戏艺人马汝梦

① 讲述人：李玉范；访问人：孔军；访谈时间：2013 年 1 月 8 日上午；访谈地点：青野村村委会计办公室。

② 讲述人：马汝梦、马印祥；访问人：孔军、张兴宇、高向华、王小蒙；访谈时间：2013 年 3 月 5 日；访谈地点：青野村马如梦家中。

你就说张霞吧，为五音戏牺牲太多了。她离预产期只有几天了还在外面演出，当时家里人多担心。她唱戏时就带着那些手续，走到哪儿挨着哪个医院近就去哪个医院。[①]

五音戏艺人喜爱五音戏，对他们来说是难以割舍的东西，所以他们才甘愿做出如此巨大的牺牲。另外，在五音戏艺人看来，五音戏蕴含着大量礼仪规范的内容，是优秀的民间传统文化遗产，将其传播和发扬光大有助于社会和谐，尤其是对年轻一代有思想教育意义。五音戏表演的内容贴近民众、贴近生活，“唱的是历史，却是上不了历史的历史，老百姓受的小苦小难都在里面”[②]，观众观看五音戏可以了解民间文化艺术的根基——民众的日常生活，接受传统文化的熏陶。总之，承载着宝贵的思想道德精神的五音戏是不可丢弃的文化遗产。

五、乡民生活与艺术情怀

（一）草根儿艺人的自豪

虽然青野村五音戏剧团缺少编制、物质条件差，但是剧团演职人员却不认为自己是纯粹的草根，他们为自己能坚持正宗的五音戏唱腔而自豪。在谈到与淄博五音戏剧团的差别时，他们说：

从阵容上咱们不如人家，人家是国有单位啊；但是从唱腔上，他们就成了歌剧了，我们是原汁原味的，是老传统的、正宗的。[③]

青野村五音戏剧团演员一直秉承原汁原味的唱腔（周姑子腔），他们为此自豪，坚守着传统，不愿加以改变。他们认为，淄博市五音戏剧院对五音戏的改动太大，特别是唱腔的变动，已经不再是传统的五音戏了。例如，邓

① 讲述人：张霞、赵继莲；访问人：高向华；访谈时间：2013 年 1 月 8 日；访谈地点：青野村村委办公室。

② 讲述人：于秀萍；访问人：周明霞；访谈时间：2012 年 8 月 12 日下午；访谈地点：明水镇王白村村委。

③ 讲述人：马乃转；访问人：李万鹏、孙梅、孔军、周明霞、张兴宇；访谈时间：2012 年 8 月 12 日；访谈地点：王中村村委会办公室。

洪山成立剧团后，先后改编新剧《半把剪刀》《胭脂》《云翠仙》等，这些剧目对腔调的改动很大，虽仍称之为“五音戏”，但其实已经很少有五音戏的唱腔特点了。

“鲜樱桃”邓洪山给霍俊萍说戏

对此，青野村五音戏演员认为，政府给了民间小戏一个平台，对小戏演员进行包装，对小戏剧目进行革新，但淄博市五音戏剧院却以大戏的模式来改创和包装小戏，同样的经验应用在黄梅戏和越剧改革上会取得较好的效果，然而地方戏演员的气质难以达到大戏人物角色的要求，以地方戏的腔调演出大戏属于颠覆传统。因此，他们为自己能坚守和传承地方小戏的传统唱腔而感到自豪。

对草根身份否认的另一个原因，在于人们对青野村五音戏演员表演专业水平充满自信。且看三个访谈片段：

片段一：

张：最拿手的剧目是什么？

马：都拿手，都演得出神入化了。①

片段二：

孙：杨老师，你觉得咱们剧团的水平和淄博专业剧团比起来，怎么样？

杨：现在来说，已经超过它了。我认为咱们剧团已经达到省级水平了！②

片段三：

周：阿姨，你会多少出戏？

于：一天三场（不重复地唱）的话，连唱半个月不成问题。那时候的老人说五音戏就 120 多出戏。③

片段一中，马团长认为自己对五音戏剧目已演到了“出神入化”的程度，这源于她 30 年的表演生涯中对五音戏一如既往的热爱和坚持。片段二中，杨孔志以旁观者的身份评价青野村五音戏，认为它已达到“省级水平”，这是对青野村五音戏正宗唱腔和专业性表演水平的肯定。按照片段三中于秀萍的陈述，她至少能演唱四五十出五音戏剧目，这反映出演员的专业素养很高，而且剧团的演员大多如此，毕竟他们是科班出身，曾受名师教导。由此可见，青野村五音戏剧团演员虽然身份业余，但是唱功专业，表演水准高。

在青野村村民看来，五音戏剧团是村落中的“大明星”，是村落优秀文化艺术遗产的代表，是有着专业表演水准的业余剧团。特别是它在一定地域范围内的文化艺术交流活动，满足了乡民的精神文化需求，给民众生活增添了滋味。相比之下，不被村民了解的“大戏”（如京剧）倒成了草根儿。从某些角度来

① 讲述人：马乃转；访问人：李万鹏、孙梅、孔军、周明霞、张兴宇；访谈时间：2012 年 8 月 12 日；访谈地点：王中村村委会办公室。

② 讲述人：杨孔志；访问人：李万鹏、孙梅、孔军、张兴宇、周明霞；访谈时间：2012 年 8 月 12 日上午；访谈地点：青野村杨孔志家中。

③ 讲述人：于秀萍；访问人：周明霞；访谈时间：2012 年 8 月 12 日下午；访谈地点：明水镇王白村村委办公室。

看，青野村五音戏确属草根儿，然而，青野村的五音戏毕竟是五音戏的根之所在，须知草根的力量是不容小觑的，草根有着最顽强的生命力！我们有理由相信，青野村五音戏会有一个光明灿烂的未来。

(二)乡民生活的艺术味儿

青野村五音戏剧目内容的最大特点是它的土生土长和原汁原味，它对于农民自己的生活和思想感情有相当深入的表达，这是农民戏曲乡土气息更为重要的体现。乡民艺术作品表现了农民自己平凡而普通的日常生活，反映了农民最切身的问题。这一点从五音戏《拐磨子》《王小赶脚》等很多戏名上便有明显体现。例如，五音戏最擅长表现农村题材的对口戏和三人小戏，每当唱时锣鼓相随，器乐伴奏，表演风趣幽默，非常受农民的欢迎和喜爱。

老唱片《王小赶脚》

青野村五音戏由民间底层民众创造，自然反映民众自己的生活和情感，其表演注重对农民生活文化内涵的表现。五音戏之所以受民众欢迎，除了

民间艺人生动的表演之外，还因为演出剧目曾在民间长期流传，又反映民众的思想与情况、愿望和要求，表达了他们生活中质朴的情感。五音戏作品的戏情多为乡间邻里的故事，涉及家庭、婚姻、劳作、生产等生活的方方面面，讲述着当地的民间故事和民俗风物，体现了当地民众的思想情感和道德审美。

民间艺术以反映民间的生活旨趣、思想情感和理想愿望为主，是乡民自我创造和享用的艺术。因此，民间艺人的舞台演出渗透着艺人的日常生活经验，并基于此对民间艺术作品加以理解和把握，在多次表演后达到艺术与生活在艺人自身统合的高度。民间艺术对艺人思想价值观的影响是潜移默化的，但会通过艺人某些艺术化的日常行为不经意地流露出来。

热爱民间艺术的乡民也深受民间艺术的熏陶，他们在日常生活中的表达方式和言语风格体现出一个乡民村落的艺术性格。人们常常借用民间艺术作品中的经典片段，艺术化地表达自己熟悉的地方性知识。比如，乡民对戏曲剧目曲辞的熟稔和使用，不仅说明民间艺术作品与民众情感相连的乡土性，也反映出乡民对趣味生活的关注和追求。乡民喜爱超越日常的艺术化表述方式，正是民间艺术传统在乡民生活里的集中表现。

乡民生活的艺术化对乡民的意义，出于乡民对村落艺术传统的尊重以及对现实社会的考量，比如地方政府对民间文化的重视令乡民主动地重新认知和建构村落艺术传统在当下生活中的意义，并由此反观和指导自我行为，对生活进行艺术化的处理。总之，乡土生活的艺术化既表现在民间艺人的艺术化生活中，又表现在喜爱民间艺术的广大乡民的日常生活中，反映了村落生活与民间艺术传统的相互交融。

第六章 村里的人 村里的事

一、清代举人张玉荣

张玉荣，清代同治元年(1862年)考中举人，正五品，曾任聊城县教谕，后告老还乡，卒年76岁。他一生清廉，为人厚道，满腹经纶，文采出众，誉满乡里。青野村及附近村落多处碑文都由他撰写，如锦屏山碧霞元君祠前西侧第二块碑和大寨村老村石桥北首东墙根的《重修玄武庙碑》。

张玉荣故居外拱门

二、清代节妇靳宋氏

靳宋氏，生于道光年间，早年丧父，出身名门，自幼饱读诗书，酷爱医术，行医治病，技高德厚，为人称道。曾治愈蒲台县一个患疑难症孩子的病，挽救了孩子的生命，其家人感激涕零，赠银挂匾，以示感谢。匾额上书“节孝兼

优”四字，现由靳宋氏后人收藏。靳宋氏由此而声名大噪，前来求医看病者络绎不绝。

靳宋氏挂匾

三、革命英烈

在解放战争时期，青野村涌现了众多革命烈士，他们有的在战场上英勇牺牲，有的则被敌人谋害献出了自己的宝贵生命。以下是部分青野村烈士名单：

周星三，男，1947 年 11 月某晚在青野村芙蓉街西首被杀害，时任南明区长，时年 22 岁。

何振兴，男，1948 年 7 月在青野村北岭顶被害，时任南明区特派员，时年 23 岁。

以上两位英烈的遗骸安葬在三德范烈士陵园。

靳其学，男，1948 年在文祖镇元家洼牺牲，时任南明区区中队队长，时年 32 岁。

张肇宗，男，1947 年在云南桥头剿匪战斗中牺牲，时年 21 岁。

马乃耳，男，1947 年在云南桥头剿匪战斗中牺牲，时年 20 岁。

白维美，男，1943 年在战场上牺牲，时年 23 岁。

杨安平，男，1942 年在战场上牺牲，时年 22 岁。

四、文化名人杨孔志

杨孔志，男，1949年出生，是章丘区文祖镇青野村的退休教师。小学毕业后他即在村中任小学民办教师，后自学取得后师学历，做过多年小学校长，1996年退休。他的业余爱好是音乐，能拉二胡，曾为青野村五音戏剧团伴奏，书法、绘画亦佳。

杨孔志是一位非常关心和痴迷五音戏的青野村村民。20世纪80年代，出于对五音戏的热爱，出面组织村中老艺人成立剧团，聘请教师培养40多名青年演员，今剧团的主要演员马乃转、李霞等都是那时培训出来的。1992年，他看到五音戏面临失传，心急如焚，为把五音戏重新搬上舞台，在面临几乎被学校停职的压力下，他坚持多方奔走，呼吁重新振兴章丘的地方传统戏——五音戏。在他的倡议和感召下，村民们以个人名义出资重新组织起“五音戏剧团”，并以老带新，培养了16名文、武场演员，让章丘的五音戏得到发扬光大。

杨孔志获得“模范老人”荣誉称号

1996年退休后，他把更多的精力、时间投入到五音戏的普及和发展上，亲自带领五音戏剧团成员到各地义务巡演、宣传近1000余场次，受到当地群众的热烈欢迎，为章丘五音戏的发展做出了积极贡献。

五、打铁巧匠曹振之

章丘具有悠久的打铁历史，被人们誉为“铁匠之乡”。铁匠技艺繁盛时期，章丘的铁匠遍布大江南北，故有“章丘铁匠遍天下”的说法。青野村继承

了这一传统手艺，现在村里仍有不少铁匠，曹振之就是其中一位。

曹振之出生3个月后就随父母闯关东去了东北通辽，其间跟随师傅学习打铁。17岁时，他回到了青野村，在生产队里干活，可以打磨尺子，使用空气锤、闲杂锤等工具。现年75岁的他从事打铁行业已经50余年，可谓是一位地道的老铁匠。现在曹振之家中还有许多打铁的工具，砧子、风箱等家什散落摆放在院子南墙根处的一个小作坊里。

章丘地区的地形地貌素有“三山六丘一分田”之说，不适合农业生产，加之自然灾害较多，尤其是洪涝灾害频发，因而人们只能另谋出路，纷纷想办法学习和进入各类手工艺行业。曹振之当初之所以选择从事打铁行业，是因为打铁这门手艺容易学，本钱小、利润大，而且只要吃苦耐劳，养家糊口不成问题。然而，打铁也就只能勉强维持日常生活，这也暗合当地流传的一首民谣：

十九郎庄，地处山乡。生计艰难，生出铁匠。三人一伙，五人一帮。驾着小车，走闯四方。辛苦一年，挣来钱粮。抚育儿女，赡养爹娘。年年岁岁，半粮半糠。

曹振之在作坊打铁

2004年农历三月初三，在济南千佛山庙会期间，曹振之携老伴儿前往摆摊做打铁生意，后又辗转前往锦屏山庙会。一同前往的还有其他手工艺人，有纺线的、编筐的，还有印蓝布花布的。铁匠活儿路较宽，在庙会一周左右的时间里，能帮人修理器具或者打造农具等生产生活用品，主要有剪子、菜刀、犁、锄头、镢头、镰刀以及木工用的锛、凿、刨、斧等。

随着青野村集市的兴起，曹振之在家打造的铁器可以在本村售卖，方便周围村里来赶集的人们购买，大大便利了当地村民的生产生活。

曹振之妻子张其英在青野集售卖自家打制的铁器

六、女人能顶“半边天”

家庭作为最基本的社会构成单位，是个体与他人关系中维持最久、最复杂的社会关系载体。家庭成员在家庭中担当和扮演的角色从来不是单一的。比如，一名女性可能具有姐妹、女儿、妻子、母亲、祖母、外祖母等多种角色，由此产生各种最基本的家庭角色关系，如夫妻关系、亲子关系等。我们发现，家庭成员之间的角色认同对维持家庭稳定极为重要，只有彼此之间相互鼓励和合作，相互接纳和尊重，才会有健康和谐的家庭。

青野村五音戏艺人作为村落的一员，首先担当的是家庭角色。以剧团中女演员为例，自女艺人组建家庭以后，通过角色互动形成相应的夫妻角色关系，这是家庭角色关系的核心。生儿育女的结果使女艺人增加了母亲的角色以及与子女之间的亲子角色关系，通过对孩子们在知识、技能、品德等方面的教育，女艺人在自己的角色规范和角色伦理范围内，践行着在物质条件和精神情感上与孩子的相互依存。随着年龄的增长和家庭生命周期的延

长，女艺人已经承担或即将承担起孙女或祖母的角色，这种隔代角色也是家庭角色的重要部分。总之，民间艺人的家庭角色并非一成不变，在不同的角色情景中，管理和扮演着更加复杂多样的角色。

李万鹏教授采访青野村五音戏剧团团长马乃转

拜家堂轴子习俗是青野村村民祭祖的方式之一，整个祭祖活动允许女性参加，而且女性上族谱的现象也较为普遍，这反映出传统礼法中的男尊女卑观念在青野村极为淡薄。作为家庭一员的五音戏艺人（几乎全为女性），不仅在家庭生活中担负起相应的社会角色，而且能参与祭祖活动，证明她们在家庭和家族中享有较高的身份地位。可见，青野村五音戏艺人在家族家庭中承担着不同类型的家庭角色，对家庭角色关系的组织和管理是她们作为基本的社会成员的行为。

村民赠予李玉范的锦旗

农村女性在承担母亲等家庭伦理角色之外，更多地依靠德行和技艺得到社会的认可。女性表达和行使权力欲望的增强，以及社会对待女性的舆论环境的宽松，让农村女性不断地肯定自我、提升自我和完善自我。一方面，农村妇女通过学习掌握科学文化知识，成长为具有先进思想和较高能力的村民，继而能参与到村落政治管理，在更多的公共领域发出更有说服力的"声音"；另一方面，心灵手巧或能弹会唱，掌握一门手艺、表演一种戏曲等才能，成为女性在邻里、村落乃至更广阔地域内成名的资本。

青野村是文化之村，是五音戏的发源地，村民对五音戏极为热爱，在周边村落社区中享有很好的声誉和地位，而且"上至七八十岁的老人，下至七八岁的娃娃，张口都能哼上几句，这种热爱和普及是其他剧种所达不到的"[①]，这种略带夸张的说辞，说明青野村村民对五音戏的认可程度，是其他村落无法企及的。青野村五音戏剧团成员多为"娘子军"，她们对五音戏的热爱及精湛的表演得到当地人的普遍认可和赞誉，成为村落的"文化精英"和能人。总之，作为演员的五音戏民间艺人，其表演不仅带来经济效益，而且作为在舞台上表演的草根明星而受到村民的喜爱和赞美。

① 讲述人：李玉范；访问人：孙梅、孔军；访谈时间：2013 年 1 月 8 日；访谈地点：青野村村委书记办公室。

附　录

一、五音戏经典剧目分类与传承状况[①]

(一)单本戏(96出)

《王小赶脚》*[②]

《梁赛金擀面》(又名《绫裙记》《龙凤面》)

《彩楼记》(又名《吕蒙正赶斋》《大宫花》)

《借髢髻》*

《拐磨子》*

《王二姐思夫》(又名《玉杯记》《二隔帘》《摔镜架》)*

《卖水记》*

《赵美蓉观灯》(以上三折总称《红灯记》)*

《锦缎记》(又名《巧姻缘》)*

① 惠中辑录。

② *代表现有保存剧目,现存共计61出。

《蓝桥会》(又名《井台会》《蓝桥记》)*

《宝莲灯》(包括《二堂训子》《劈山救母》)*

《裴秀英寻夫》(又名《西秦》《三告》《西京》)*

《风筝记》(又名《南门》)*

《双生赶船》(又名《赶花船》)

《亲家婆顶嘴》(又名《乡里妈妈》《探亲家》)*

《站花墙》(又名《杨二舍化缘》《单钗记》)

《王定保借当》(又名《清官断》)*

《安安送米》*

《松林会》*

《张四姐落凡》(又名《画仙庄》)*

《卖宝童》*

《访海宁》(又名《访桑园》)

《樊江关》(又名《姑嫂英雄》)*

《三宝山》(又名《美帘画》)

《葡梅架》(又名《刘香莲》)*

《丁僧扫雪》(又名《铁莲花》)*

《北平府》(又名《灌药》)*

《排风出世》(又名《打马》)*

《穆桂英搬兵》(又名《西岐州》)*

《排环记》*

《粉红江》(又名《二女挣夫》)*

《烧窑》(又名《走南阳》)*

《天文记》(包括《闹书房》《刘基捉妖》)*

《大卷帘》*

《缝缀罗》(又名《打裁衣》)*

《秦雪梅吊孝》(又名《观画》《双贞节》《双吊孝》)*

《朱买臣休妻》(又名《马前泼水打刀》)*

《王婆说媒》*

《下关东》(又名《大发财》)*

《狮子洞》*

《砸花车》*

《御碑亭》(又名《小阴功》)*

《谷来友赶脚》(又名《小赶脚》)*

《双钉记》(又名《钓金龟》)*

《天仙送子》*

《双钗记》(又名《林祥保投亲》)*

《登山会》*

《访江南》(又名《江南城》)

《李香莲卖画》(又名《东京》《双凤诰》)

《窦一虎搬兵》(又名《黄风会》《油山》)

《唐二怕婆》(又名《砸棒槌》)*

《双下山》(以上两折系《梁祝故事》)*

《皮友子上吊》*

《天台上》*

《拴娃娃》(又名《刘二姐逛会》)*

《王大娘锯缸》*

《绒花记》(又名《蔡文英上吊》)*

《张完仓休妻》(又名《太平庄》)*

《封相》*

《双拐骗》*

《大拐骗》(又名《三袋烟》)*

《阴功报》(又名《大阴功》)*

《鲤鱼精打水》(又名《小井台》)*

《老少换妻》(又名《双换妻》)*

《乱石山》*

《老虎窝》(又名《小拐磨》《卖豆腐》《霸王出世》)*

《绫帕记》(又名《锦香亭》)*

《夜宿花亭》

《王良休妻》(又名《三贤》《小姑贤》)

《打城隍》(又名《拿懒汉》)

《破孟州》(又名《罗成卖绒线》)

《三鲜庆寿》

《顶灯》

《京郎寻父》(又名《南京店》)

《丝绒记》(又名《白金哥卖线》)

《破腹验花》

《天河配》

《戏牡丹》

《倒厅门》(又名《张善下书》)

《归母奇缘》

《错断颜查散》(又名《珍珠衫》)

《仙人指路》(又名《遛小狗》)

《金家庄》(又名《秦汉说书》)

《休丁香》(又名《火龙记》《凤凰庄》)

《打枣》

《拾万金》(又名《李翠莲上吊》)

《八仙过海》

《双换魂》(又名《双增寿》《牟复生算卦》)

《杨金花夺银》

《怕婆顶砖》

《拦马》

《拷红》(又名《小团堂》)

《狐鬼英烈传》

《三打苏凤英》(又名《红挑雪》)

《红泥坡》

(二)连台本戏(25 出)

《五女兴唐传》(又名《五凤岭》)

《金鞭记》

《白玉楼》

《小八义》

《鹦哥记》

《金镯玉环记》

《风尘女侠》

《紫金镯》

《孟丽君》

《莲花盏》

《千里驹》

《温凉盏》

《刘公案》

《蜜蜂记》

《双珠凤》

《绿牡丹》

《王宝珠》

《巧奇冤》

《三门街》

《文武香球》

《反西唐》(又名《樊梨花征西》)

《无色云》

《九巧传》

《珍珠衫》

《玉簪鸳鸯》

(三)从连台本戏中摘出而经常上演的单折戏(11 出)

《磻虎山》

《白云庵》

《花园认母》*

《李怀玉借粮》*

《磨坊受苦》*

《莲花盏》(又名《函谷关》)

《秀带记》

《花园赠珠》

《罗山寺》

《七星山》

《刘梦景投亲》

(四)移植东路梆子剧目(16 出)

《全忠孝》

《双锁山》

《禅宇寺》

《合凤群》

《破洪州》

《高平关》

《三世修》(又名《黄桂英出家》)

《演火棍》(又名《打焦赞》)

《白虎帐》(又名《辕门斩子》)

《拾玉镯》

《反徐州》

《天仙配》

《汾河弯》

《斩黄袍》

《罗章跪楼》

《贩马记》(又名《三拉》)

二、民俗口述资料主要提供者简介

杨孔志,男,青野村村民,生于 1949 年,退休教师,村中的文化人,复兴青野村五音戏出力最大。业余爱好音乐,能拉二胡,曾为本村五音戏剧团伴奏,书法、绘画亦佳。

靳先亮,男,青野村会计兼文书,生于 1945 年,已经干此工作 40 多年,被誉为村里的"百科全书"。

马乃转,女,青野村村民,生于 1969 年,青野村五音戏剧团团长。

马乃家,男,青野村村民,生于 1944 年,热爱五音戏,收集关于五音戏的磁带、出版物等。

马汝梦,男,青野村村民,生于 1932 年,曾学习和演唱五音戏,生角。

李佳金,男,青野村村民,生于 1950 年,曾是矿工、建筑工人,青野村党支部治安管理员。

马印祥,男,青野村村民,生于 1929 年,在五音戏剧团负责打镲。

张霞,女,青野村村民,青野村五音戏剧团演员。

李予花,女,生于 1964 年,青野村支部书记、村委委员。

曹振之,男,青野村村民,生于 1942 年,铁匠。

张其英,女,青野村村民,生于 1944 年,曹振之的妻子。

杨和志,男,青野村村民,在青野村五音剧团乐队掌板鼓等打击乐。

于秀萍,女,青野村村民,17 岁学戏,师从李秀銮和杨淑云,饰演老生。

后记

自2011年进入山东大学民俗学研究所读硕士研究生，我开始系统地接触和学习民俗学知识与理论，其间对流传在鲁中地区的民间小戏五音戏产生了浓厚兴趣，并以此为研究对象完成了一篇带有社会学影子的硕士论文。遵循“深描村落生活，凸显村民主体，梳理乡土文脉，展现国情底色”的丛书写作原则，我尝试对既有资料进行民俗志式的改写，撰写过程中有三点体会：

第一，呈现村落样态本身比套用各种中西方理论去阐释更重要，正如展现事物的结构比一味解释其意义更重要。

第二，理解村落的切入视角与视野很重要，若能站在村落外部看村落内部世界，提供一个对比的框架，更能鲜明地体现出村落文化的独特之处。

第三，如何尽可能地摒弃作者的主观色彩，体现出村落的原生态样貌与特点呢？我认为，对村民口述史料的搜集与运用，把村民口述史与文献资料、考古证据、图像史料置于同等重要的位置，在文化整合视野中重新认识村落，不失为有效之举。

由于撰写时间仓促及写作精力的分散，以致书中部分章节语言风格存有差异，部分内容详略不一。虽书的构架力求全面，但也只能窥豹之一斑，故不足之处在所难免，恳请读者不吝赐正。

感谢山东大学民俗学研究所与山东大学出版社的策划和立项支持，感

谢张士闪教授的信任与提携，感谢责任编辑傅侃女士对书稿的细心指导和润色，感谢与我一起做田野调查的研究生同窗们，还要感谢淳朴善良的青野村村民们……没有你们的帮助，也不会有这册小书的呈现，感谢你们。

孔　军

2017 年秋于古都西安

图书在版编目(CIP)数据

青野村/孔军著.—济南:山东大学出版社,
2017.12
(山东村落田野研究丛书/张士闪,李松总主编)
ISBN 978-7-5607-5921-0

Ⅰ.①青… Ⅱ.①孔 … Ⅲ.①村史—章丘 Ⅳ.
①K295.25

中国版本图书馆 CIP 数据核字(2017)第 328677 号

责任策划:傅 侃
责任编辑:傅 侃
装帧设计:牛 钧

出版发行:山东大学出版社
社 址 山东省济南市山大南路 20 号
邮 编 250100
电 话 市场部(0531)88364466
经 销:山东省新华书店
印 刷:山东华鑫天成印刷有限公司
规 格:720 毫米×1000 毫米 1/16
9 印张 150 千字
版 次:2017 年 12 月第 1 版
印 次:2017 年 12 月第 1 次印刷
定 价:35.00 元